Secrets du Marketing des Médias Sociaux 2021

Conseils et Stratégies Extrêmement Efficaces votre Facebook
(Stimulez votre Engagement et Gagnez des Clients Fidèles)

Russ Norman

Introduction aux principes de base du marketing des médias sociaux

Le battage médiatique sur Internet, les histoires de réussite et la pression des médias ont montré aux propriétaires de marques que l'établissement d'une présence sur les médias sociaux est essentiel dans le monde d'aujourd'hui. Bien qu'une entreprise puisse exceller sans plateforme de médias sociaux, les propriétaires d'entreprises passeraient à côté d'une occasion unique d'accélérer la croissance de leur marque.

Cependant, une erreur majeure que toute entreprise peut commettre est de se plonger dans le marketing des médias sociaux sans stratégie appropriée ou de penser simplement que le téléchargement de contenu sur des plateformes de médias sociaux telles que Facebook sera une réussite.

Bien qu'il soit toujours possible de tomber sur une mine d'or, la plupart des marques qui suivent la tendance "essayer et espérer" obtiennent généralement des résultats médiocres et perdent du temps à se fixer des objectifs irréalisables. Cela crée une mentalité défaitiste qui vous découragera probablement d'explorer vos chances avec le marketing des médias sociaux par la suite.

Si vous voulez avoir de grandes chances de réussir, il est essentiel d'utiliser les conseils et les stratégies de marketing des médias sociaux proposés dans ce livre. À la fin de ce livre, vous aurez une connaissance approfondie de la meilleure approche du marketing des médias sociaux pour VOTRE entreprise et de la manière d'exécuter efficacement votre stratégie de marketing des médias sociaux.

VOTRE CADEAU GRATUIT

Nous aimerions vous offrir un cadeau pour vous remercier d'avoir acheté ce livre. Vous pouvez choisir parmi tous nos autres titres publiés.

Vous pouvez obtenir un accès immédiat à l'un de nos livres en cliquant sur le lien ci-dessous et en vous inscrivant à notre liste de diffusion :

https://campsite.bio/digitalmarketing

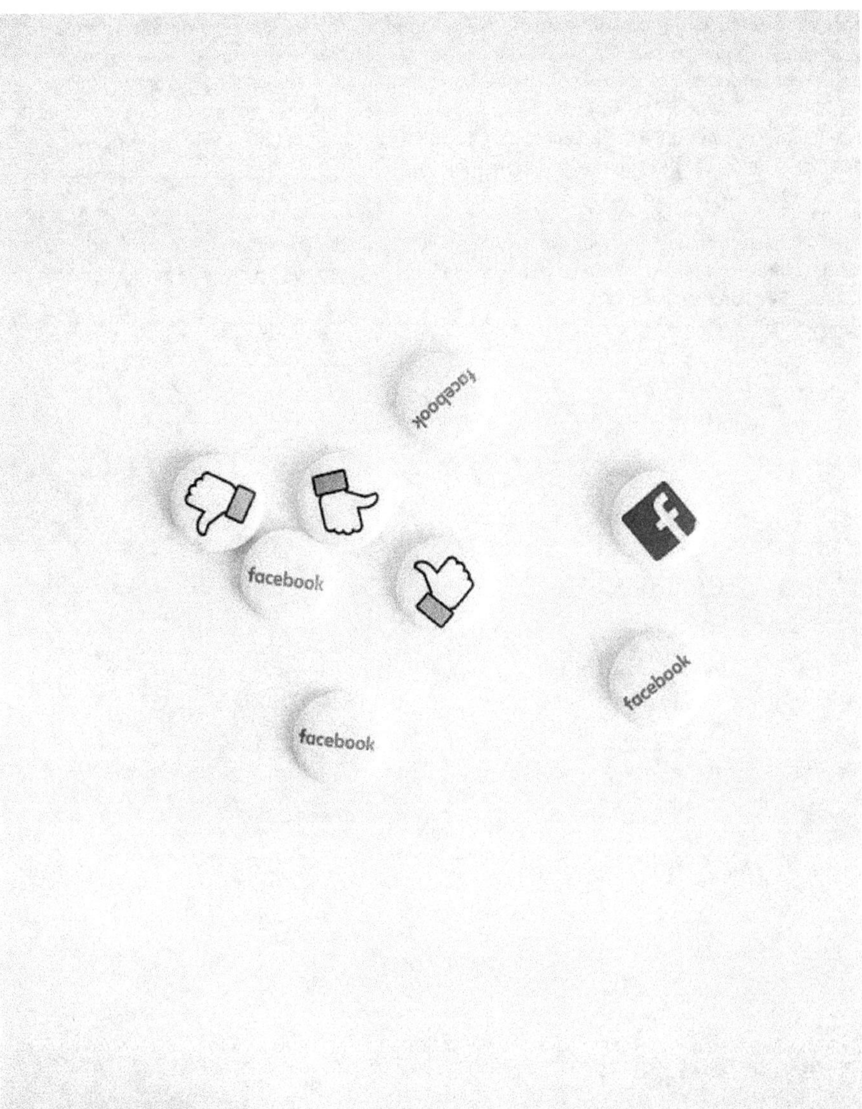

facebook
facebook
facebook
facebook

Contenu

Chapitre 1 : Choisir la meilleure plateforme de médias sociaux pour votre marque

À moins que vous ne dirigiez une organisation massive disposant du capital nécessaire pour mener des campagnes sur toutes les plateformes de médias sociaux potentiellement bénéfiques, il est plus sage de concentrer vos efforts sur une ou deux plateformes de médias sociaux en premier lieu.

Il est préférable d'être compétent sur deux ou trois plateformes de médias sociaux que d'être moyen sur dix. Certains diront que l'utilisation d'un logiciel de marketing des médias sociaux est gratuite, mais votre emploi du temps quotidien est un bien précieux et doit être traité comme tel.

En outre, toutes les plateformes de médias sociaux ne correspondent pas à votre modèle d'entreprise, à votre public ou à vos objectifs. Pour faciliter le processus de lancement, découvrez quelles sont les plates-formes de médias sociaux les plus utilisées par votre public cible, ou mettez en place une étude de clientèle afin de déterminer quelle plate-forme de médias sociaux sera la plus efficace pour promouvoir votre marque.

Facebook est généralement le premier choix des entreprises en raison de sa taille et de sa portée considérables, mais d'autres plateformes "de niche" ont leurs propres qualités distinctives - et des millions d'utilisateurs comme public potentiel - comme LinkedIn, Instagram ou Pinterest. L'une ou l'autre de ces plateformes pourrait être l'endroit où vous pouvez obtenir le plus grand impact.

Toutefois, pour lancer le processus, inscrivez-vous sur la plate-forme de votre choix, investissez beaucoup de temps dans la recherche de l'approche correcte de votre stratégie de marketing des médias sociaux et suivez votre processus. En fonction de votre succès initial, vous pouvez améliorer votre croissance ou essayer d'autres réseaux de médias sociaux que le seul usage de Facebook.

Chapitre 2 : Comment démarrer avec le marketing sur Facebook

Facebook a le plus grand nombre de visiteurs de tous les réseaux sociaux, et plus d'un milliard d'utilisateurs sur la plateforme garantissent que votre cible démographique s'y trouve. Ce n'est pas le roi des médias sociaux pour rien.

Par le passé, Facebook était un terrain propice aux entreprises pour attirer un public et un trafic web massifs, mais ce potentiel s'est émoussé ces dernières années en raison d'une concurrence plus serrée, de l'introduction de la promotion payante et des efforts de l'entreprise pour trouver un équilibre entre contenu personnel et contenu de marque.

En 2018, Facebook a déployé une énorme mise à jour de son fil d'actualité qui laissait entendre que la priorité serait donnée aux contenus personnels des amis et de la famille plutôt qu'aux publications professionnelles. Actuellement, l'algorithme du site favorise les contenus qui améliorent l'interaction réelle de manière percutante.

Ce n'est pas une grande surprise, puisque la plateforme est principalement utilisée comme un moyen de se connecter avec ses amis et ses proches et de consulter leurs posts. Cependant, ils veulent aussi se divertir et rencontrer des personnes ayant des intérêts similaires - c'est là que votre marque entre en jeu.

Bien que le marketing sur Facebook soit plus complexe qu'auparavant, la plateforme reste un élément important de votre approche du marketing des médias sociaux. Si vous adoptez la bonne approche, il est encore temps d'atteindre vos objectifs commerciaux et d'entrer en contact avec des clients potentiels. Ce livre vous apprendra à construire et à promouvoir votre marque sur le plus grand réseau social de tous les temps et à vous constituer un public fidèle sur la plate-forme.

L'importance d'une page d'entreprise Facebook

Les pages Facebook sont plus qu'une simple maison pour vos publications et mises à jour de statut. Comme votre contenu risque de ne pas être reconnu à sa juste valeur sur le fil d'actualité de vos clients, Facebook a fait en sorte que votre page d'entreprise apporte une valeur réelle aux visiteurs. Une page d'entreprise est désormais une destination où les visiteurs peuvent accéder à toutes les informations pertinentes sur votre marque, y compris les heures de travail, la façon de réserver, d'acheter des articles, de soumettre des avis et des commentaires, ainsi que de se nourrir de contenu qui correspond à leurs intérêts.

Les experts en marketing des médias sociaux doivent traiter une page Facebook comme ils le feraient pour une application d'évaluation comme Yelp ou TripAdvisor. Il est essentiel de mettre à disposition les informations les plus simples, telles que les offres de votre entreprise, les heures d'ouverture, les réservations et les informations de contact, afin d'augmenter votre visibilité. Avant de vous lancer sur Facebook, prenez le temps d'établir correctement la présence de votre marque et de configurer votre page avec des détails importants qui impressionneront les visiteurs.

Différence entre une page Facebook et un profil personnel

Après vous être inscrit sur la plateforme, vous avez accès à une timeline personnelle. Vous la connaissez peut-être sous le nom de "Mon profil", et elle est conçue pour les individus, pas pour les marques. Si vous souhaitez maximiser le potentiel du marketing Facebook, il est essentiel de créer une page Facebook indépendante.

Les Pages Facebook ressemblent à des profils personnels mais sont dotées d'outils spéciaux tels que des outils d'analyse, des outils publicitaires et des fonctions personnalisées qui accueilleront vos informations professionnelles. Vous n'avez pas besoin d'un compte

Facebook différent ou d'informations de connexion distinctes pour créer une page Facebook.

Si vous utilisez actuellement votre compte personnel à des fins professionnelles, il y a de fortes chances que Facebook ferme définitivement votre compte. Dans une telle situation, prenez les devants en informant votre public sur votre compte personnel que vous transférez votre entreprise sur une page standard. Encouragez votre public cible et vos clients à "aimer" la page s'ils souhaitent recevoir des mises à jour sur vos produits et services.

Vous pouvez créer une page Facebook en cliquant simplement sur (https://www.facebook.com/pages/create) ou à travers "Créer une page" dans la barre de recherche.

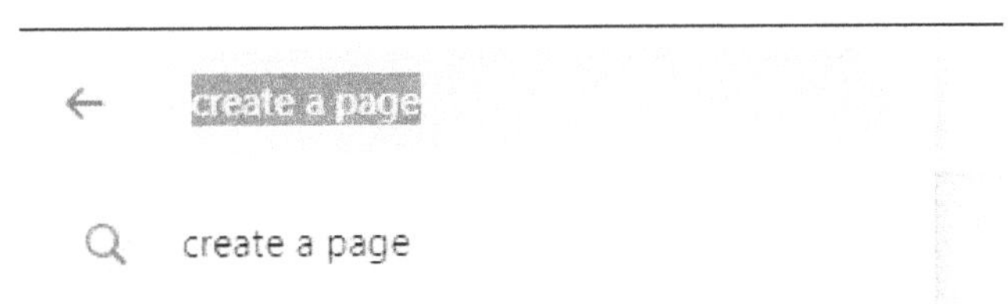

Vous pouvez également partager le lien vers votre page Facebook sur votre timeline personnelle et encourager vos amis et votre famille à "aimer" la page afin de pouvoir commencer à reconstituer votre base de fans.

Dès que vous avez pris de l'ampleur, fermez votre page d'origine. Vous pouvez utiliser votre compte personnel à des fins non commerciales.

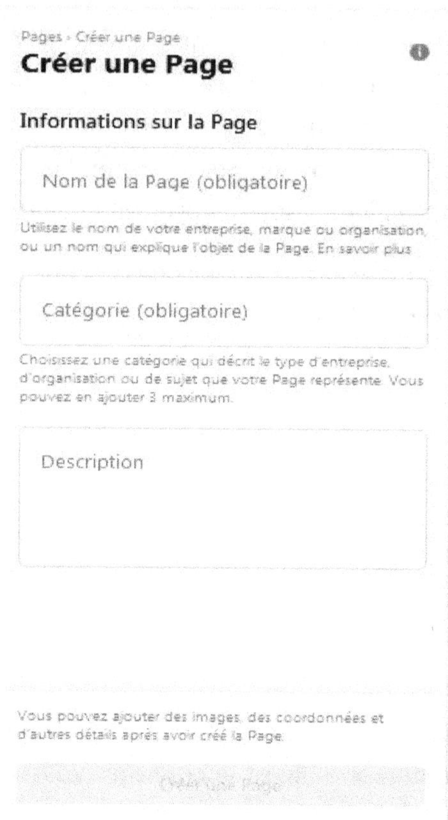

Créer le nom de votre page Facebook

Dans la mesure du possible, assurez-vous que le nom Facebook que vous choisissez est court et succinct. Ce nom sera utile lorsque vous créerez des publicités Facebook qui n'autorisent que 25 caractères pour l'espace d'en-tête, généralement le nom de la page. Si vous souhaitez modifier votre page, cliquez sur le bouton "À propos > Modifier les informations > Tapez le nouveau nom de la page". La modification du nom de votre page ne change pas le nom d'utilisateur ou l'URL de la page (voir ci-dessous).

Configurez un nom d'utilisateur et une adresse web personnalisés pour votre page Facebook.

Vous avez la possibilité de créer une URL et un nom d'utilisateur personnalisés sur votre page professionnelle (lorsque vous obtenez 25 likes), adaptés à votre marque, par exemple :

@youarereadingthis / www.facebook.com/youarereadingthis.

Vous pouvez franchir la barrière des 25 "j'aime" en invitant votre famille, vos amis ou vos contacts e-mail et commencer à cultiver un groupe de personnes qui s'intéressent à votre entreprise - à "aimer" votre page Facebook.

Il suffit de cliquer sur "username" pour créer un nom d'utilisateur personnalisé. Saisissez votre nom d'utilisateur préféré, vérifiez sa disponibilité, puis appuyez sur Créer. Le nouveau nom d'utilisateur apparaîtra automatiquement sous le nom de la page, dans votre URL

et dans les résultats de recherche pour aider les gens à identifier facilement votre page.

La pertinence des données commerciales

Veillez à ce que votre page Facebook contienne le plus de données possible sur votre marque. Des détails tels que l'adresse, les coordonnées, les détails sur les produits, l'histoire de la marque, l'URL du site web et les poignées de médias sociaux doivent être inclus dans la section À propos de votre page Facebook.

Les efforts que vous déployez pour remplir les sections appropriées avec des informations essentielles peuvent jouer un rôle crucial pour attirer des clients et promouvoir votre page dans les moteurs de recherche, puisque le moteur de recherche Google indexe les pages Facebook.

Vous gérez un barbecue ou un parc aquatique ? Dressez la liste des types d'aliments que vous vendez et incluez un menu au format PDF que les clients peuvent parcourir. Les Américains et les Canadiens peuvent également utiliser l'outil SinglePlatform pour présenter les options de menu.

En 2016, Facebook a mis en place un moyen de mieux optimiser les pages en fonction de la niche, en fournissant des modèles pré-construits. Ces modèles vous aident à configurer rapidement pour différentes niches telles que les services professionnels, l'automatisation, les restaurants, la logistique, et plus encore. Il existe différents modèles pour chaque niche qui correspondent à votre page Facebook.

Si vous souhaitez modifier l'apparence de votre page Facebook pour qu'elle corresponde à vos services professionnels, vous pouvez configurer votre page sous Paramètres > Modifier la page > Modèles. Un autre avantage d'une bonne configuration de votre page

Facebook est le service professionnel Facebook que vous trouverez ici (www.facebook.com/services/).

Les services professionnels de Facebook sont similaires à des services sociaux tels que Yelp, qui permettent de trouver des PME et de faire preuve de diligence raisonnable à leur égard.

Lorsque les clients utilisent ce service, les résultats de la recherche fournissent un lien vers la page Facebook en question, avec tous les détails pertinents relatifs à l'entreprise. C'est pourquoi l'ajout de détails sur votre page est essentiel à votre croissance sur Facebook. Il est dans votre intérêt d'ajouter tous les détails nécessaires, tels que les heures d'ouverture, les coordonnées, les évaluations et les commentaires, et de vous assurer qu'ils sont à jour.

Vérifier avec une coche

En fonction de la catégorie de votre page (organisation, entreprise ou commerce local), vous pouvez bénéficier de la vérification de Facebook, qui est similaire à celle accordée aux personnalités publiques. Les pages vérifiées sont mieux classées dans les résultats de recherche et montrent que votre page est le profil Facebook officiel de votre marque. Vous pouvez vérifier votre page Facebook en accédant au menu général > Paramètres de la page > Vérification de la page.

Il vous sera demandé de fournir un numéro d'entreprise ou un document officiel (licence d'exploitation, facture fiscale, etc.) pour confirmer que vous êtes un représentant de l'entreprise.

Photo de couverture et boutons CTA (Call To Action)

Vous pouvez promouvoir le message de votre marque avec la photo de couverture de votre page Facebook. Tout ce dont vous avez besoin, c'est d'une image de qualité. La meilleure résolution d'image à utiliser sur Facebook est de 820 x 312 pixels. Toute autre taille de pixel sera floue ou compressée. Toutefois, les photos de couverture apparaissent sur les smartphones en résolution 640 x 360. Oui, cela peut être assez déroutant. Cela signifie que Facebook affiche les photos de couverture sur les appareils mobiles et les ordinateurs de bureau dans des résolutions différentes.

Si vous ne voulez pas que le texte de votre photo de couverture soit rogné ou masqué, il est conseillé de placer le texte au centre de la photo et de laisser une zone tampon invisible de 134 pixels de chaque côté de l'image. Idéalement, le texte devrait couvrir les 560 pixels restants.

Votre photo de couverture doit mettre en valeur votre personnalité, vos services, vos différents produits, un concours en cours ou une photo soumise par l'un de vos clients. L'utilisation de contenu généré par l'utilisateur épatera les fans et vous pouvez compter sur eux pour répandre l'évangile de votre marque. Gardez les choses fraîches en changeant constamment votre photo de profil et votre photo de couverture. Vous pouvez le faire une fois par mois, bien que la majorité des marques préfèrent un changement saisonnier.

Vous pouvez ajouter une description textuelle à votre photo de couverture en cliquant sur la photo de couverture après l'avoir téléchargée. Il est recommandé d'ajouter un texte court et attrayant, un appel à l'action et des liens pertinents vers votre page produit, votre site Web ou votre page de promotion, ou d'inclure un code de réduction pour récompenser les visiteurs qui cliquent. Il est courant que les visiteurs de la page examinent de près votre photo de couverture.

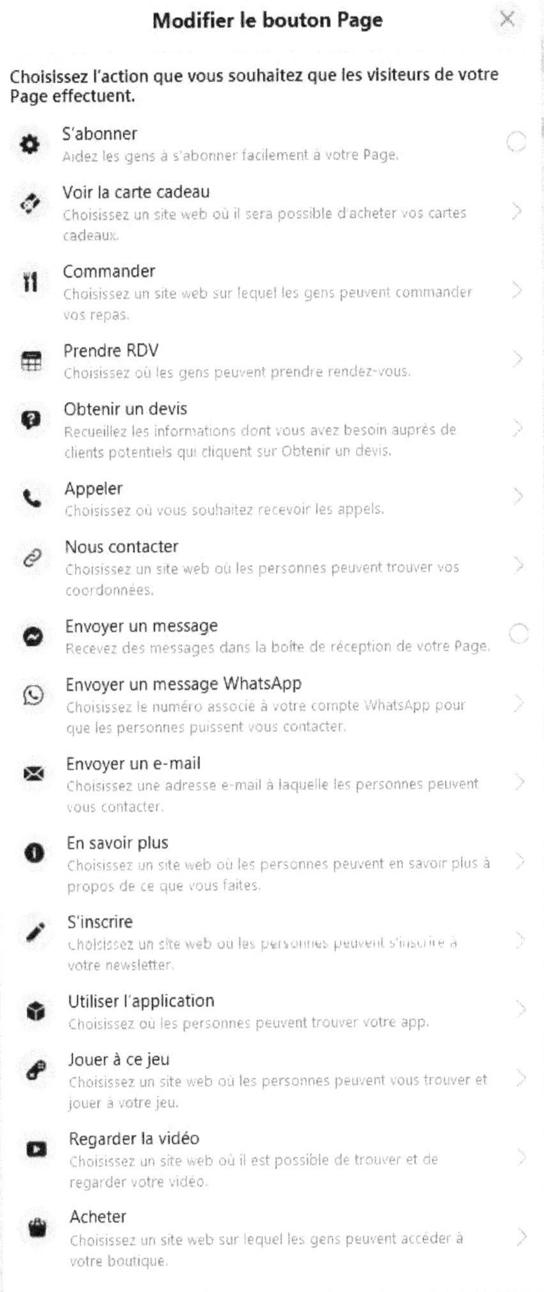

Le texte de description est un bon moyen d'attirer l'attention et d'encourager les visiteurs à agir. Vous pouvez attirer plus de clics en plaçant un "bouton" sur votre photo de couverture avec un CTA (appel à l'action) par exemple: "Obtenez une séance de spa gratuite avec votre prochaine réservation - Cliquez maintenant !" Alternativement, pour attirer l'attention des visiteurs qui ne sont pas intéressés par votre photo de couverture, faites la promotion de la valeur que les visiteurs obtiennent lorsqu'ils "aiment" votre page, comme des bulletins d'information quotidiens, des codes de coupon aléatoires, etc.

Lorsqu'un utilisateur de Facebook clique sur le bouton "Like" de votre page, votre photo de couverture et votre photo de profil apparaissent sur le fil d'actualité de son entourage proche. Par conséquent, faites en sorte que votre page soit visuellement attrayante, quelle que soit sa taille sur le fil d'actualité de chacun.

En 2016, Facebook a mis à jour sa réglementation sur les photos de couverture. Selon le communiqué de presse, *"les couvertures ne peuvent pas être trompeuses, mensongères ou enfreindre le droit d'auteur de quelqu'un d'autre. Vous ne pouvez pas encourager les gens à télécharger votre couverture sur leurs timelines personnelles."*

La plateforme est connue pour supprimer les photos de couverture des pages qui ne respectent pas ses directives. Il est donc essentiel que vous respectiez les règles pour éviter toute restriction inutile. À un moment donné, Facebook a informé les propriétaires de pages que le texte sur les photos de couverture devait être limité à 20 % de l'espace total. Cette règle ayant été abandonnée, vous pouvez désormais ajouter vos coordonnées, vos prix et vos informations d'achat sur votre photo de couverture.

Bien que cela représente une bonne nouvelle pour les spécialistes du marketing des médias sociaux, faites preuve de prudence. Une surcharge de texte peut donner à votre photo de couverture un aspect chaotique. Il est recommandé de faire preuve de retenue, car l'intérêt d'attirer l'attention de votre public par une photo de couverture est presque inégalé.

Incluez des liens, des promotions et un appel à l'action dans la photo de couverture.

Facebook a déployé en 2014 des boutons CTA (call to action) cliquables que les propriétaires de pages peuvent ajouter aux photos de couverture, tels que "Utiliser l'application", "Contacter nous" et "Réserver maintenant". Ces boutons ont été conçus pour pousser les objectifs de votre entreprise en tant que tête d'affiche de votre présence sur Facebook. Ces boutons CTA (call to action) peuvent être liés à n'importe quelle adresse sur ou hors de la plateforme.

En 2016, des ajouts ont été apportés aux boutons CTA (appel à l'action) tels que "Réserver un rendez-vous" et "Obtenir un devis", et bien d'autres encore. Lorsqu'un utilisateur interagit avec votre page à quelque titre que ce soit, comme la prise d'un rendez-vous, Facebook Messenger crée automatiquement un fil de conversation entre votre page et l'utilisateur afin qu'il puisse réserver et finaliser le rendez-vous.

Utilisez une photo de profil Facebook adaptable

Bien que votre photo de couverture occupe plus d'espace sur votre page Facebook, c'est votre photo de profil qui a le plus d'influence puisqu'elle apparaît partout sur la plateforme, dans le fil d'actualité, dans la section des commentaires, à côté des publications sur votre timeline personnelle et à côté de votre photo de couverture. La taille recommandée pour une photo de profil est de 180 x 180 pixels, mais la photo apparaît en 128 x 128 pixels sur les appareils mobiles et en 170 x 170 pixels sur les ordinateurs de bureau. Dans la section "Commentaires", la photo est réduite à 43 x 43 pixels.

Il est évident que votre photo de profil doit être une image reconnaissable, quelle que soit sa taille. Votre photo de profil prend différentes formes sur la plateforme : carrée sur votre page, circulaire sur les messages, les publicités et dans l'application Messenger. Imaginez comment votre photo de profil apparaîtra dans une forme circulaire, et utilisez un design qui fonctionne bien pour les deux formes.

À partir de ce motif, téléchargez une image qui s'intègre parfaitement au motif de votre photo de couverture, et vice versa. N'hésitez pas à expérimenter avec les palettes de couleurs de vos photos de profil et de couverture, mais veillez à ce que le logo de votre marque soit reconnaissable.

Tout comme la photo de couverture, vous pouvez modifier la description textuelle de votre photo de profil pour y inclure des informations

pertinentes et des liens vers des réductions ou votre site web afin de
récompenser les utilisateurs qui cliquent dessus.

Ajoutez des onglets liés à l'entreprise à votre page Facebook.

Les propriétaires de pages peuvent ajouter et positionner différents
onglets en fonction du type d'entreprise et des services fournis. Ces
onglets sont un excellent moyen de faire connaître vos services, vos
offres, le lancement de vos produits, vos événements, etc. à un public plus
large. Les onglets les plus populaires sont mentionnés ci-dessous. Vous
pouvez inclure n'importe lequel de ces onglets sur votre page en accédant
à Paramètres de la page > Modifier la page > Onglets.

Onglet Services

Utilisez l'onglet Services pour présenter vos produits et services, ainsi que
pour donner aux clients potentiels un moyen facile de les acheter.
Lorsque vous créez un onglet Services, vous devez fournir des
informations telles que le nom du service, le prix, la durée de l'offre et
une photo du produit. Lorsque les clients envoient des demandes via
l'onglet Services, vous recevez une notification sur Facebook Messenger
où vous pouvez répondre et négocier avec les clients.

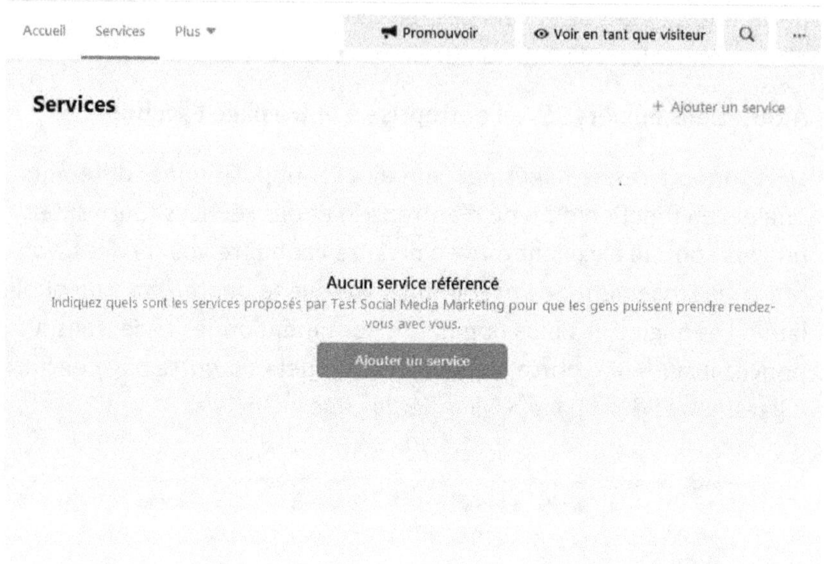

Onglet Boutique

L'onglet Boutique est utilisé pour répertorier les produits disponibles sur la "place de marché" de Facebook. Les clients peuvent parcourir votre stock et acheter ces produits ou services sur Facebook ou sur votre site Web. Bien que toutes les pages aient accès à l'onglet "Boutique", différentes fonctionnalités sont disponibles en fonction de votre localisation.

Chaque page le peut ;

Présenter le stock de produits, ajouter des produits et des informations pertinentes

Accédez aux chiffres d'engagement tels que le nombre de clics et de vues sur vos annonces.

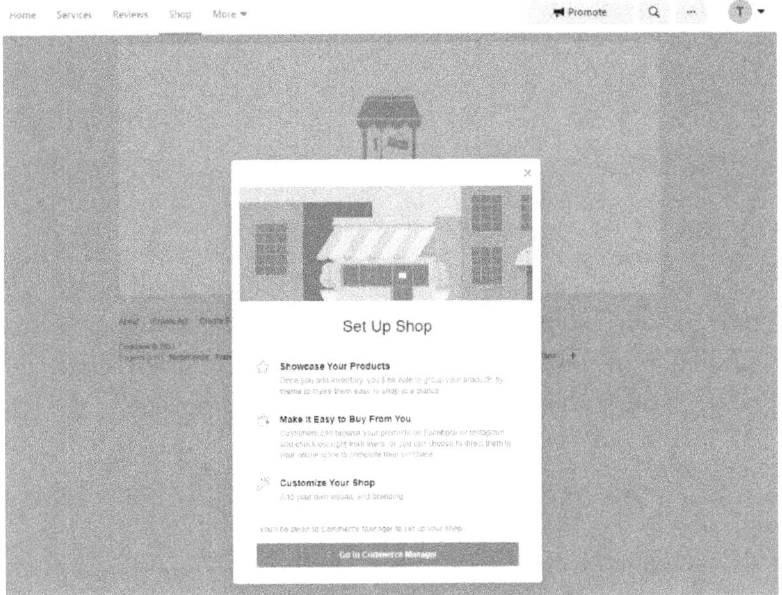

Les propriétaires de pages basés aux États-Unis peuvent gérer les commandes et vendre des produits directement à partir de la page, mettre à jour le statut du produit et de l'expédition, ainsi qu'annuler ou rembourser des commandes à partir de la page. Si vous ne vivez pas aux États-Unis, vous pouvez fournir un lien vers d'autres plateformes où vos clients peuvent acheter un article.

Idéalement, vos produits devraient apparaître sur Facebook Marketplace lorsque vous ajoutez une boutique, afin d'améliorer la visibilité.

Lorsque vous ajoutez un nouvel article à votre boutique, il est judicieux de le partager sur votre timeline afin de promouvoir la notoriété de ce produit. Vous pouvez même étiqueter les clients à l'aide de la fonction "Étiqueter le produit" située dans la zone de mise à jour du statut. Si vous souhaitez rendre vos produits uniques, incluez le contexte dans vos messages. Le contexte implique de mentionner si le produit est en vente, en édition limitée ou tout nouveau.

Après avoir inclus une section Boutique sur votre page, essayez de créer une collection pour différentes catégories de produits. De cette façon, vous pouvez répartir les produits dans des catégories appropriées, ce qui permet aux acheteurs d'identifier plus facilement ce qu'ils veulent acheter. Pour créer une collection :

Cliquez sur "Shop"

Appuyez sur la liste "Cog" et choisissez "Gérer la boutique".

Appuyez sur "Collections"

Choisissez le nom de la collection. Vous pouvez choisir d'inclure la collection dans votre espace vedette en haut du bouton Boutique. Vous pouvez ajouter un nombre illimité de produits, bien que Facebook limite le nombre de produits à 10 qui apparaissent sur votre page.

Vous pouvez gagner du temps en cochant la case à côté de chaque produit que vous souhaitez inclure dans votre collection, puis Enregistrer.

Onglet "Événements

L'onglet Événements est utilisé pour promouvoir les événements à venir organisés par votre marque. Après avoir créé l'événement, vous pouvez le publier sous forme de message sur votre page, qui apparaîtra également dans l'onglet Événements. Les utilisateurs peuvent alors signaler leur intérêt en s'inscrivant à l'événement.

L'onglet Événements sert de forum pour les discussions sur l'événement avant, pendant et après sa conclusion. Vous pouvez interagir avec les visiteurs, les participants et les clients grâce à l'onglet Événements.

Faites la promotion de votre marque grâce à des onglets personnalisés sur votre page Facebook.

Les onglets personnalisés sont des sous-menus disponibles sur chaque page Facebook sous forme de colonne et se trouvent sur le côté gauche de l'écran. Ils sont utiles pour organiser des concours ou inciter les clients à s'inscrire à des e-mails promotionnels. Lorsque vous utilisez la barre de recherche de Facebook pour trouver une application de niche telle que "giveway app", vous êtes susceptible d'obtenir une liste de suggestions que vous pouvez installer en un minimum de temps.

Vous pouvez également utiliser ces onglets personnalisés pour promouvoir d'autres plateformes de médias sociaux comme Twitter, Instagram, Pinterest et YouTube. Vous pouvez doter vos onglets personnalisés d'un design spécifique en utilisant l'application Static HTML iframe. Elle est gratuite et vous pouvez la trouver dans la barre de recherche de Facebook.

Si vous avez des difficultés avec l'aspect codage de la configuration, vous pouvez essayer des options alternatives comme Shortstack et KontestApp pour créer des onglets personnalisés.

Assurez-vous que votre site Web dispose de boutons de partage et d'un plug-in pour les pages Facebook.

Consultez le site (https://developers.facebook.com/docs/plugins/page-plugin) pour trouver des plugins Facebook gratuits. Après avoir installé le plugin, cochez les options "Afficher les messages de la page" et "comment les visages des amis".

Lorsque les visiteurs consultent votre site Web, ils voient les photos de profil de leurs amis qui ont également "aimé" votre page. En outre, ils peuvent accéder à vos récentes publications Facebook.

Alors que la majorité des plugins de page Facebook sont situés dans la barre latérale, certaines marques ont tiré profit de leur placement sous les articles de blog. Dans ce cas, le plugin sert de bouton CTA, par exemple : "Vous voulez en savoir plus sur notre marque ? Appuyez sur le bouton "J'aime" pour rejoindre notre communauté Facebook."

Outre le plugin de page Facebook, vous pouvez inclure les boutons "J'aime" et "Partager" à différents endroits de votre site Web. Cette stratégie encourage les visiteurs à partager leur amour pour votre marque avec leur entourage en ligne, et ils peuvent choisir la manière dont ils souhaitent l'exprimer.

En cliquant sur le bouton "J'aime", vous publiez un lien sur Facebook, tandis que le bouton "Partager" offre la possibilité d'ajouter un message au lien. Vous pouvez obtenir ces boutons gratuitement en effectuant une recherche sur Google ou ici : (https://developers.facebook.com/docs/plugins/like-button/).

Vous pouvez consulter toutes les ressources officielles de la marque Facebook pour une utilisation en ligne et hors ligne ici : (www.facebookbrand.com/)

Peaufinez votre application Messenger et votre page Facebook pour l'assistance à la clientèle.

Si votre page Facebook est active, les clients s'attendent à pouvoir vous y joindre pour des demandes, des plaintes et d'autres besoins et demandes de renseignements. Les demandes peuvent être envoyées par Messenger, par message direct ou sur votre page.

Les clients préfèrent généralement les discussions en direct, car leurs problèmes sont ainsi résolus plus rapidement. Vous pouvez configurer votre section Messages dans les paramètres de votre page Facebook. N'importe qui peut entamer une conversation avec vous sur Messenger en cliquant simplement sur le bouton "Message" de votre page.

Un autre avantage associé à l'utilisation de Messenger pour les questions de support client est que vous pouvez élargir votre portée grâce aux publicités basées sur Messenger, puisque vous disposez d'une liste complète de clients potentiels dans les chats que vous pouvez cibler.

La fonction de boîte de réception unifiée de Facebook vous permet de gérer tous vos chats sur Facebook et Instagram.

Utilisation de l'application Messenger pour communiquer avec les clients

Les pages Facebook disposent d'un nom d'utilisateur personnalisable (par exemple, **@AwesomeShirtSales**) qui permet aux clients potentiels et aux clients réguliers d'identifier et de contacter plus facilement votre marque. Le nom d'utilisateur se trouve sous le titre de la page. Si vous avez déjà une URL personnalisée, notez que cette URL est la même que votre nom d'utilisateur.

Les clients peuvent également établir un contact direct avec votre marque en utilisant des codes et des liens Messenger. Les liens Messenger créent un lien avec votre nom d'utilisateur tel que (**m.me/AwesomeShirtSales**) qui mène directement à une boîte de discussion avec votre marque dans Messenger.

Il en va de même pour les codes de messagerie. Il s'agit de codes QR que les clients peuvent scanner avec l'appareil photo de leur smartphone pour engager une conversation avec votre entreprise. Vous pouvez utiliser les Codes et les Liens sur votre site Web ou sur d'autres canaux marketing pour encourager la communication avec votre entreprise. Vous pouvez télécharger des images de codes Messenger dans la boîte de réception de votre page.

Renforcez votre service clientèle grâce aux fonctions de salutations, de réponses instantanées et de réponses sauvegardées.

Les salutations Messenger sont des textes de bienvenue qui apparaissent à un client lorsqu'il tente d'entamer une conversation avec votre marque. Vous pouvez personnaliser ces textes comme vous le souhaitez et informer les gens de ce à quoi ils doivent s'attendre lorsqu'ils déposent un message. Créez et modifiez un message d'accueil sous Paramètres des messages et dressez une liste de FAQ pour faciliter le processus de demande de renseignements.

Les réponses instantanées sont un message unique, généré automatiquement, envoyé à un client lorsqu'il vous contacte, par exemple : "Merci de nous avoir contactés. Nous répondons généralement en moins de 30 minutes. Consultez notre liste de FAQ en attendant une réponse". Notez que les réponses instantanées ne fonctionnent pas si le statut de votre message est actuellement "absent". Vous ne pouvez l'activer ou la désactiver que pendant 12 heures.

Si vous recevez souvent les mêmes séries de questions, utilisez la fonction Réponses enregistrées pour créer des réponses rapides. Vous pouvez créer et choisir une réponse sauvegardée par :

Cliquez sur l'icône d'aide sous les paramètres de réponse aux messages.

Créer une nouvelle réponse

Créer un titre

Inclure le texte et les images

Ajouter un contenu personnalisé tel que le prénom du destinataire

Les réponses enregistrées sont un excellent moyen de maintenir un taux de réponse élevé sur votre page et d'impressionner les clients qui attendent des réponses rapides.

Lorsque vous n'êtes pas en ligne, réglez le statut de vos messages sur "absent" pour informer les clients que vous leur répondrez lorsque vous serez en ligne. Ce changement de statut vous permettra de maintenir un taux de réponse élevé et de créer un bon précédent auprès de vos clients.

Vous pouvez également servir vos clients efficacement en les étiquetant avec des étiquettes personnalisées telles que "haute priorité", "client régulier", etc. Sur l'application Messenger, cliquez sur le nom du client pour accéder à son profil et à ses interactions antérieures avec votre marque. Ces informations vous aideront à personnaliser vos messages. Vous pouvez également consulter les commentaires des clients pour améliorer votre service d'assistance client. Cliquez sur "Paramètres" ; Messenger. Vous pouvez accéder à tous les commentaires des clients ici.

Expérimentez les chatbots de Facebook Messenger

Outre les messages manuels sur Messenger, les chatbots changent le paysage de la messagerie. Les chatbots vous donnent la possibilité d'augmenter le nombre de clients avec lesquels vous conversez et vous permettent d'élargir votre portée, ce qui entraîne une augmentation des ventes grâce à l'automatisation. Des logiciels comme Odus et ZoConvert vous permettent de créer des chatbots robustes pour Facebook Messenger.

Les chatbots peuvent améliorer votre expérience Facebook Messenger de multiples façons :

Contenu diffusé

Les clients ont plus de mal à ignorer les notifications par chat que par courriel. Les chatbots peuvent vous aider à diffuser du contenu directement dans la boîte de réception des messages de vos clients.

Présentez un contenu pertinent à votre public

Les chatbots de Facebook Messenger peuvent être utilisés pour promouvoir votre stratégie de marketing de contenu. Ils offrent une approche subtile pour diffuser des annonces personnalisées à vos clients cibles.

Interagir avec les participants à l'événement

Fournissez des informations aux invités avant (rappels de l'événement), pendant (liste des points abordés) et après (commentaires de l'auditoire) un événement pour les tenir au courant.

Déclenchez des conversations sur votre marque avec les publicités Facebook

Vous pouvez créer des conversations autour de votre marque grâce aux publicités Facebook. Les publicités Facebook sont divisées en deux catégories :

Les publicités Click-to-Messenger qui servent d'entonnoirs entre le fil d'actualité et la boîte de réception Messenger.

Les messages sponsorisés sont un moyen efficace d'envoyer un message à tout client qui a déjà interagi avec votre page Facebook.

Les publicités Facebook Messenger vous permettent d'interagir avec des clients potentiels, des personnes qui ont consulté votre produit mais n'ont pas acheté, ou des personnes qui ont posé des questions via Facebook Messenger dans le passé. Par exemple, les messages sponsorisés peuvent être utilisés pour envoyer des offres promotionnelles et du contenu intéressant, tandis que les annonces click-to-Messenger peuvent être utilisées pour susciter l'engagement sous forme de questions.

Développer un entonnoir de vente pour la page Facebook

Utilisez les annonces Click-to-Messenger pour attirer votre public cible. Lorsqu'un utilisateur de Facebook clique sur l'annonce, il est redirigé vers une conversation avec un chatbot de votre compte.

Connectez-vous avec votre public en privé

Il est de notoriété publique que le fil d'actualité de Facebook est truffé de contenu promotionnel. Messenger est un excellent moyen de rester à l'écart de tout ce contenu générique. Les clients remarqueront votre publicité sur leur application Messenger, avec laquelle il est plus facile d'interagir que sur la timeline. Lorsqu'ils cliqueront sur votre publicité, le lien les dirigera vers une conversation Messenger ou vers votre site web/produit.

Chapitre 3 : Définir vos objectifs marketing et les analyser

Avant de télécharger des mises à jour de statut sur les médias sociaux, il est utile de définir les thèmes spécifiques et les objectifs généraux de votre stratégie marketing. La définition de vos objectifs vous aidera à concevoir votre approche des médias sociaux, qui pourrait très bien être la pierre angulaire de votre jongleur marketing. Il est recommandé d'utiliser la technique SMART pour concevoir des objectifs pratiques en matière de médias sociaux.

Vous trouverez ci-dessous une explication de la technique SMART :

Spécifique : soyez précis quant à vos objectifs. Votre objectif est-il de promouvoir la notoriété de la marque ? De tripler les ventes ? Améliorer le support client ? Fidéliser les clients ? Mettez-y un chiffre réalisable.

Mesurable : Quels sont les paramètres par lesquels vous voulez quantifier vos objectifs ? Quel logiciel d'analyse utiliserez-vous pour mesurer votre croissance ?

Accessible : Avez-vous fixé des objectifs réalistes ? Lorsque vous commencez à mettre en œuvre votre stratégie de médias sociaux, soyez modeste dans vos attentes pour éviter de vous essouffler si vous n'atteignez pas l'objectif prévu. Il faut du temps (surtout si c'est la première fois que vous vous lancez sérieusement dans le marketing des médias sociaux) pour devenir expert en la matière.

Pertinent : Vos objectifs sont-ils en phase avec la mission, les valeurs et la vision de la marque ?

Temps : quel est le délai prévu pour obtenir des résultats ? Pour rester sur la bonne voie avec votre stratégie marketing, choisissez un seul objectif à atteindre à la fois. Par exemple, "Je veux augmenter les ventes à prix réduit de 40 % au cours des prochains mois."

Peut-être que vous vendez des vêtements d'occasion et que vous vendez habituellement 40 ensembles par semaine, pourquoi n'essayez-vous pas d'augmenter ce nombre à 65 ensembles avec l'aide des médias sociaux ? Après une période déterminée (au moins trois mois), calculez vos progrès à l'aide d'outils d'analyse, de chiffres d'engagement et d'autres critères permettant d'analyser votre activité sur les médias sociaux.

Utilisez une enquête auprès des clients pour élaborer votre stratégie de marketing sur Facebook.

La réalisation d'une enquête auprès des clients est un bon moyen de savoir comment façonner votre stratégie de médias sociaux de manière à susciter l'intérêt de vos clients. Une enquête peut déterminer le type de contenu que vous devez partager avec votre public pour obtenir son engagement. Utilisez cette enquête pour identifier de manière approfondie les besoins, les intérêts et les goûts de vos clients en matière de médias sociaux.

Posez des questions telles que : Quels problèmes puis-je résoudre, à quelles questions puis-je répondre, quels sujets suscitent le plus d'engagement, quel format mon public préfère-t-il pour visualiser le contenu (texte, vidéo, graphiques), et à quelles heures mon public s'engage-t-il le plus dans mes messages ?

Les outils d'analyse tels que TrueSocial Metrics et SEM Rush sont des logiciels payants populaires qui mettent à nu toutes les informations pertinentes, mais vous n'avez pas besoin de dépenser de l'argent pour obtenir un aperçu de ce que vous devez faire. Comment, demandez-vous ? En laissant vos concurrents faire tout le travail pour vous.

La première étape consiste à identifier vos concurrents. Si vous ne le savez pas encore, une recherche rapide sur Google vous permettra de connaître vos concurrents les plus proches par localisation ou tout autre filtre. Vous pouvez également visiter les pages des médias sociaux et le site web de la concurrence pour y jeter un coup d'œil.

Vérifiez à quelle fréquence vos concurrents publient des articles et des messages sur les médias sociaux (les publient-ils tous les jours, toutes les semaines ou tous les quinze jours ?), et quels messages suscitent le plus d'engagement. Vous pouvez facilement identifier les niveaux d'engagement grâce au nombre de partages, de likes et de commentaires.

Vous pouvez mieux comprendre la stratégie de vos concurrents en déterminant quels messages sont originaux par rapport au contenu partagé par des tiers, y compris le ton et les sujets abordés. Vous pouvez utiliser ces informations comme modèle pour votre plan de marketing des médias sociaux et améliorer les erreurs que vous identifiez.

Créez un calendrier de contenu pour l'avenir

L'un des défis les plus difficiles à relever pour une marque est de publier régulièrement du contenu frais et de qualité pour son public. Un profil de médias sociaux stagnant pour une entreprise est la version en ligne de la fermeture de la boutique. Si vous ne publiez pas de contenu de manière constante, vos fans supposeront que votre entreprise n'est pas fonctionnelle, même si vous êtes florissante hors ligne. Des publications régulières peuvent favoriser l'engagement de vos lecteurs et les rendre enthousiastes à l'idée de la prochaine publication, ce qui permet d'établir une relation plus étroite avec vos fans.

Un moyen simple de produire du contenu de manière constante est de mettre en place un calendrier de contenu pour les médias sociaux. Ce calendrier vous permet de programmer des publications pour des semaines et des mois. Le fait d'avoir un plan clair de ce que vous voulez publier à l'avance guide vos décisions et vous permet de fournir un contenu adapté aux différentes saisons. Vous éviterez ainsi de publier du contenu médiocre par manque de temps ou de créativité.

Vous pouvez également prévoir les grandes fêtes comme Noël, le MLK Day, Thanksgiving, l'Independence Day, et créer un contenu adapté aux "petites fêtes" comme la Saint-Valentin et la fête du travail, car ce sont des jours où le public recherche activement des réductions et des anecdotes sur les fêtes.

En disposant d'un calendrier de contenu pour les médias sociaux dans lequel vous pouvez puiser des idées de contenu, vous n'avez plus à vous soucier de la publication quotidienne de contenu et vous pouvez vous concentrer sur la diffusion de contenu à long terme pour votre entreprise. Même s'il vous arrive de publier des contenus de manière spontanée, un calendrier de contenu doit être la base de votre stratégie de marketing des médias sociaux.

Une idée efficace pour élaborer du contenu à long terme pour votre stratégie marketing est de maintenir un ton quotidien sur toutes vos plateformes de médias sociaux. Voici un bon exemple : Posez une question intéressante le lundi, partagez une citation le mardi, publiez un article de blog le mercredi et téléchargez une infographie le jeudi.

Chapitre 4 : Créer votre stratégie de marketing sur Facebook

Vous avez enfin créé votre page Facebook et vous encouragez les interactions et les conversations. Vous devez maintenant identifier les moyens de maximiser le potentiel de votre page Facebook.

Épinglez les mises à jour de statut et les messages importants

Facebook permet aux propriétaires de pages d'épingler une seule publication en haut de leur timeline pendant sept jours. Cette fonctionnalité peut s'avérer utile si vous souhaitez que vos fans voient facilement le contenu de votre page. D'autres mises à jour de statut apparaîtront sous la publication épinglée, à moins que vous ne la supprimiez avant l'expiration de la durée limite, ce qui la ramènera à sa position chronologique initiale.

Lorsque vous créez un message, restez sur le message jusqu'à ce qu'une icône apparaisse, appuyez dessus et "Épinglez en haut". Les meilleurs types de messages à épingler sur votre profil sont les promotions, les annonces et les liens vers des produits.

Intégrer des messages pour favoriser les interactions

Il y a sept ans, Facebook a lancé la fonction d'intégration permettant d'inclure des publications et des liens de profil vers un site externe. Depuis lors, les publications intégrées ont été utilisées pour déclencher des conversations. Vous pouvez utiliser cette fonctionnalité pour encourager les conversations à partir de votre page et lancer des interactions à partir de différentes plateformes, comme une newsletter ou un article de blog.

Lorsque votre mise à jour de statut est en ligne, *tout le monde* peut intégrer le message à partir de votre timeline ou d'autres plateformes. Les messages intégrés offrent un potentiel de promotion massive. Les publications intégrées comportent également des boutons permettant aux visiteurs de partager, de commenter ou d'"aimer" une publication, y compris la capacité d'"aimer" votre page Facebook.

- *Vous pouvez intégrer un message ainsi :*

- Passez votre souris sur le message, cliquez à gauche sur l'icône du crayon qui apparaît, puis cliquez sur "Intégrer le message".

- Un code apparaîtra que vous pourrez coller comme code HTML sur votre blog ou site web.

Reposez du contenu de qualité dans un format naturel

Tout le monde ne sera pas en ligne lorsque vous publierez du contenu la première fois. Si vous disposez d'un contenu de qualité sous la forme d'un article ou de liens, vous pouvez les rediffuser à différents moments de la journée. Cependant, vous ne devez jamais utiliser le même texte pour les liens. Mélangez-les. Facebook bannira votre message si vous publiez le même texte à plusieurs reprises, car les utilisateurs réagissent mal au contenu "copié-collé".

Utilisez l'optimisation de l'audience Facebook pour augmenter les taux d'engagement.

L'optimisation de l'audience Facebook permet aux propriétaires de pages d'adapter les publications organiques à un ensemble spécifique de fans, en fonction du sexe, de l'âge, des intérêts ou de la localisation. Tous les fans ne seront pas intéressés par TOUTES vos publications. En fonction de votre niche et des objectifs de votre stratégie marketing, vous devrez peut-être rationaliser vos publications pour un groupe de fans afin d'augmenter votre taux d'engagement.

Si ces fans particuliers interagissent avec vos publications, votre contenu continuera à apparaître dans leur fil d'actualité à l'avenir, ce qui aura un impact sur votre taux d'engagement. Si vous n'utilisez pas cette fonctionnalité, vous pouvez l'activer dans les paramètres de la page.

- Cliquez sur Général > Audience et visibilité du fil d'actualité pour les articles.

- Pour activer l'optimisation de l'audience, appuyez sur le "symbole du réticule" sous la mise à jour du statut Facebook.

- Tapez sur Audience préférée (vous pouvez filtrer votre timeline en fonction de leurs intérêts).

- Mélangez les centres d'intérêt (veillez à ce qu'ils soient liés à votre message).

- Restrictions d'audience (choisissez qui peut voir vos messages en fonction de la langue, de l'âge, du lieu et du sexe)

- Enregistrez vos choix

Vous pouvez voir les données d'analyse des posts optimisés pour l'audience via les symboles en forme de croix sous Facebook Insights > Targeting. Il est essentiel d'expérimenter cette fonctionnalité pour voir comment vos posts réguliers se comparent aux posts ciblés.

Encouragez les interactions mais n'incitez pas les utilisateurs à s'engager.

Si vous voulez attirer de meilleurs taux de clics sur Facebook et diriger le trafic d'autres plateformes sociales vers votre site web, soyez direct sur ce que vous attendez de vos clients avec votre CTA. Quelque chose comme "Cliquez ici pour plus de détails (lien)". Un petit coup de pouce dans la bonne direction peut faire toute la différence entre une mise à jour de statut ignorée et une mise à jour réussie.

Toutefois, notez que Facebook met régulièrement à jour son algorithme de fil d'actualité pour repérer les pages qui encouragent l'appât de l'engagement par le biais de liens, de balises et de commentaires.

Un exemple classique de tag-baiting ressemble à ceci : "*Vous voulez gagner notre prix ? Marque un ami. Le prix sera remis à celui qui aura tagué 20 amis !*"

L'appât du commentaire ressemble à : "*Commentez OUI si vous buvez du café le matin !*"

Le link-baiting ressemble à : "*Cliquez ici pour voir ce qui s'est passé derrière les scènes des Grammys ! Images sexy* incluses"

Facebook entend privilégier le contenu de qualité et promouvoir les interactions crédibles. Ainsi, si des appâts à l'engagement sont détectés sur votre profil, les publications similaires seront interdites dans l'ombre sur le fil d'actualité de vos clients. L'algorithme de Facebook est si puissant qu'il peut même dire si les mots d'une vidéo encouragent l'appât à l'engagement. Par conséquent, si vous envisagez de publier des messages comme ceux mentionnés ci-dessus, il est recommandé d'abandonner cette tactique.

Gagnez des vues grâce aux fonctions "Voir en premier" et "Recevoir des notifications".

Une tactique crédible que vous pouvez employer pour vous assurer que vos fans reçoivent toutes vos publications est de les encourager à activer les notifications pour votre publication. Facebook propose deux fonctions - "Voir en premier" et "Recevoir des notifications" - qui se trouvent lorsque vous passez votre curseur au-dessus des boutons "Suivre" et "Aimer", qui se trouvent sous votre photo de couverture.

Lorsqu'ils sélectionnent ces fonctionnalités, les fans reçoivent une notification lorsque vous publiez des mises à jour de statut. Votre message apparaîtra automatiquement en haut de leur timeline. Vous pouvez encourager les utilisateurs à utiliser ces fonctionnalités en fournissant un guide étape par étape avec des captures d'écran sur la façon d'effectuer l'action.

C'est à vous de décider si vous voulez demander à vos fans ou non, car certains pourraient trouver cela trop insistant. Réfléchissez à la solidité de votre relation avec vos fans avant de prendre une décision. Si vous décidez de recourir à cette tactique, n'en faites pas une pratique régulière.

Ajustez les images de votre blog pour les consommer sur Facebook

En 2013, Facebook a augmenté la taille des vignettes du fil d'actualité qui étaient partagées à partir d'articles. Lorsque vous publiez un contenu qui inclut un lien, Facebook utilise automatiquement une image de l'article comme vignette, à condition qu'elle soit de taille décente. Les blogs et les articles partagés sur le fil d'actualité afficheront une image en pleine largeur, accompagnée d'une brève description et du titre du blog.

Toutefois, pour qu'une grande image s'affiche sur Facebook, la largeur de l'image doit être égale à 1,91 fois sa hauteur. Facebook recommande que les images des blogs aient une résolution d'au moins 1200 x 630 pixels, ce qui est irréaliste pour la majorité des blogueurs. Vous pouvez plutôt publier des articles de blog comprenant une image d'au moins 600 x 315 pixels. Il s'agit de l'exigence minimale pour toute image de billet de blog qui peut être affichée sur différents appareils tels qu'une tablette, un mobile ou un ordinateur de bureau.

Si l'image que vous utilisez est inférieure à la résolution minimale requise, Facebook comprimera la taille de l'image, ce qui la rendra floue.

Tout comme l'astuce que nous avons partagée ci-dessus, une autre stratégie que vous pouvez essayer est de publier des "citations" d'un article de blog, de les convertir en image ou de les utiliser avec une image visuellement attrayante. Utilisez le lien de l'article de blog dans votre mise à jour de statut et surveillez les chiffres d'engagement.

Les vidéos Facebook peuvent maximiser le potentiel de votre page

L'introduction des vidéos Facebook a modifié le paysage de la plateforme sociale, et elle ne fera que s'étendre. Il est plus avantageux de publier une vidéo originale directement sur Facebook, plutôt que de partager un lien Twitter ou YouTube.

En effet, Facebook donne la priorité aux vidéos natives en termes de portée. Si vous pensez que votre contenu vidéo profitera aux utilisateurs aujourd'hui et à l'avenir, vous pouvez le publier sur Facebook et, plus tard, sous forme de lien YouTube.

Maximiser la force des vidéos Facebook

Les vidéos Facebook sont dotées d'une lecture automatique et d'une fonction audio activée. Lorsqu'un utilisateur fait défiler la vidéo sur son fil d'actualité, elle est immédiatement lue. Sachant cela, vous devez décider d'une stratégie pour attirer l'attention de vos fans en moins de 3 secondes. En général, lorsqu'il y a du mouvement dans les premières secondes ou que la vignette représente une personne faisant face à la caméra, les utilisateurs sont plus enclins à regarder la vidéo.

Une autre stratégie populaire consiste à ajouter des sous-titres à vos vidéos Facebook sans le son. Vous pouvez également intégrer un fichier SRT à votre vidéo pour des sous-titres automatiques. Facebook privilégie particulièrement ce type de vidéos car il peut analyser le texte et montrer la vidéo au public concerné. Il s'agit d'une "promotion gratuite" très avantageuse.

Vous pouvez également créer une liste de lecture pour vos vidéos dans l'onglet Vidéo (pour augmenter le temps de visionnage). Vous pouvez faire d'une vidéo spécifique la pièce maîtresse de votre liste de lecture avec le bouton "Feature". La vidéo vedette sera placée en position centrale sous la section "À propos", ce qui représente une excellente occasion pour vous de parler de votre entreprise ou de mettre en avant une offre en cours.

Pour faciliter la découverte de votre contenu vidéo, ajoutez des balises descriptives présentant les personnes qui apparaissent dans la vidéo. Choisissez une vignette intéressante dans la liste qui s'affiche après le chargement de la vidéo. Vous pouvez également utiliser une vignette personnalisée d'au moins 1920 x 1200 pixels. N'oubliez pas que votre image doit comporter moins de 20 % de texte.

Si la vignette contient plus que le pourcentage de texte stipulé et que vous choisissez de promouvoir la vidéo à l'avenir, Facebook donnera la priorité à d'autres vidéos dont la vignette est plus propre. N'oubliez pas d'utiliser le code d'intégration de la vidéo dans vos articles de blog ou sur votre site web afin d'accroître la sensibilisation et l'engagement. Vous pouvez intégrer la vidéo entière ou seulement le lecteur vidéo pour promouvoir un aspect plus net.

Vous souhaitez peut-être inclure des effets sonores ou de la musique dans vos vidéos Facebook et Instagram. Il existe une collection de sons dédiée à Facebook (www.facebook.com/sound/collection/). Cette collection comporte plusieurs genres, des voix et à peu près tout ce dont vous avez besoin pour faire ressortir votre vidéo. Votre vidéo doit s'aligner sur la stratégie mentionnée dans les paragraphes précédents.

Stratégie de contenu des Facebook Stories

Facebook a lancé les Page Stories en 2018, où les propriétaires de pages peuvent partager du contenu visuel avec leurs fans. La fonctionnalité est similaire à Instagram Stories et vous permet de partager des images et du contenu vidéo qui représentent votre marque et vos services directement depuis votre smartphone. Les Facebook Stories présentent généralement des autocollants colorés et du texte qui peuvent être utilisés pour inciter les spectateurs à fréquenter votre entreprise.

Des textes tels que "Appeler maintenant", "Acheter maintenant", "Obtenir un itinéraire" ou "Réserver maintenant" sont directement liés à votre flux de Stories, avec un bouton d'accompagnement qui reflète les options CTA (appel à l'action) affichées dans l'en-tête principal. Les Facebook Stories représentent un moyen coloré d'engager votre public d'une manière amusante et authentique pour cultiver des relations plus fortes. Elles peuvent servir de stratégie essentielle pour améliorer l'attrait de la ruche que Facebook encourage.

L'aspect "brut" et la rapidité de création des histoires font de cette fonctionnalité une amélioration par rapport aux publications habituelles des pages. En outre, n'importe qui peut consulter votre histoire de page en cliquant sur votre photo de profil. Les histoires apparaissent également en haut du fil d'actualité de vos followers, loin de la ligne de temps encombrée.

Vous pouvez créer des Facebook Stories en trois étapes simples :

- Voir votre page et appuyez sur les trois points dans le coin supérieur droit.

- Cliquez sur "Ouvrir la caméra" > Créer une histoire

- Lorsque vous avez terminé l'enregistrement, cliquez sur le bouton "+ Partager maintenant" pour partager la Story.

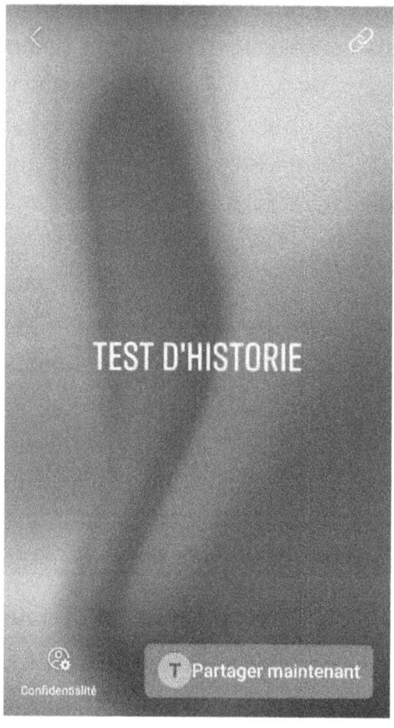

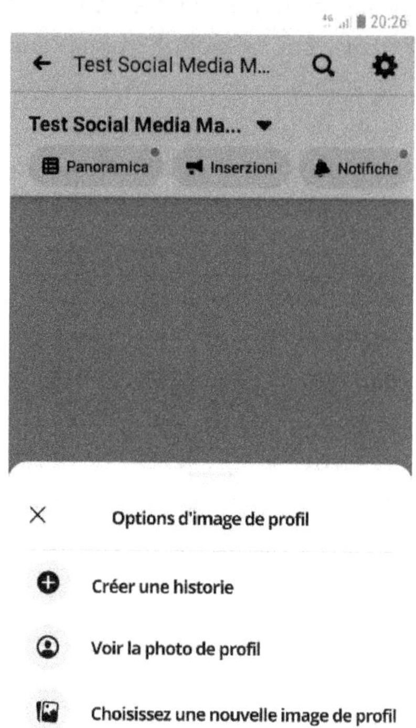

Stratégie de contenu vidéo Facebook Live

Facebook a lancé sa fonctionnalité "Live" auprès d'un public mondial en 2016. Cette fonctionnalité permet aux utilisateurs d'enregistrer et de publier (après la fin de la diffusion en direct) des vidéos en direct sur la plateforme via une webcam ou l'application mobile. Vous pouvez enregistrer une vidéo en direct pendant une demi-heure maximum. Pour ce faire :

- Cliquez sur Mettre à jour le statut

- Appuyez sur le bouton Vidéo en direct pour commencer l'enregistrement

Vous avez la possibilité de rédiger une description du sujet de votre vidéo que vous pouvez partager avec vos followers avant de lancer votre Facebook Live. Lorsque vous lancez votre diffusion, vous pouvez vérifier le nombre de spectateurs, les commentaires en direct et les noms des personnes qui vous écoutent.

À la fin de votre vidéo en direct, vous recevrez immédiatement des informations sur le nombre de spectateurs et d'autres mesures connexes. Vous avez la possibilité de publier l'intégralité de la diffusion sur votre fil d'actualité, où les personnes qui l'ont manquée la première fois peuvent la regarder. Vous pouvez inclure une description qui indique au public à quoi s'attendre, ou essayer la promotion payante pour une exposition accrue.

Comment maximiser le potentiel de vos vidéos Facebook Live

La nature spontanée des vidéos Facebook Live signifie que certains membres de votre public manqueront votre diffusion. Vous pouvez créer un buzz avant votre diffusion dans le Gestionnaire de vidéos. Les spectateurs ont la possibilité de définir des rappels afin de recevoir une notification lorsque vous lancez votre diffusion. Le fait d'avoir un flux programmé signifie que vous pouvez créer de la sensibilisation non seulement sur Facebook, mais aussi avec une URL personnalisée que vous pouvez partager sur plusieurs plateformes.

Si votre page Facebook comprend une boutique de produits, pensez à combiner ces fonctionnalités pour créer une émission de type infopublicitaire. Lorsque vous parlez de vos produits dans l'émission, vous pouvez facilement marquer les produits dans votre vidéo. Cela incitera vos clients à cliquer sur le lien qui les redirigera vers votre page de produits.

Après avoir téléchargé votre vidéo, appuyez sur le bouton Marquer les produits, saisissez les noms des produits mentionnés dans votre vidéo, puis publiez la vidéo.

S'il doit y avoir plusieurs modérateurs dans la discussion en direct, Facebook propose des vues en écran partagé sur votre page, accessibles depuis l'application mobile. C'est ce que l'on appelle "Live With". Lorsque vous lancez une diffusion en direct en mode paysage, vous et l'invité apparaissez côte à côte. Les diffusions lancées en mode portrait apparaîtront individuellement sur une page.

Incluez un titre attrayant : Il est recommandé de créer un titre descriptif pour favoriser la découvrabilité. Facebook effectue des milliards de recherches sur une base "quotidienne". Un effort supplémentaire de votre part pourrait bien vous donner un avantage.

Votre légende doit raconter une histoire : Légendez la vidéo avec un texte descriptif. Beaucoup de gens n'ont pas la patience de regarder votre vidéo et il est essentiel de fournir de brèves informations sur le contenu de la vidéo pour aider votre public à décider si elle vaut la peine d'être regardée.

Facebook suggère aux propriétaires de pages d'utiliser une citation clé de la vidéo comme légende pour susciter l'intérêt. Cette stratégie permettra d'accroître les "attentes des spectateurs". Vous pouvez également toucher un public plus large avec votre vidéo en direct en étiquetant les pages qui ont contribué à votre contenu, ou des pages similaires qui peuvent promouvoir votre vidéo.

Bien que Facebook ait désactivé le bouton CTA (call to action) pour les vidéos en direct, vous pouvez toujours intégrer un appel à l'action dans votre vidéo Facebook. Dans la légende de la vidéo, vous pouvez insérer des liens vers votre site web ou votre article de blog, invitant les visiteurs à accéder à des informations supplémentaires en cliquant sur le lien. De plus, vous pouvez encourager les spectateurs à partager leur opinion et à laisser des commentaires.

Vous pouvez également mentionner un CTA (appel à l'action) pendant la vidéo ou ajouter un texte superposé. Le fait de mentionner un CTA (appel à l'action) pendant une vidéo suscite le plus fort engagement. Vous pouvez également ajouter un texte superposé à la fin de la diffusion ou une image statique avant de terminer le flux en direct.

Bien que vous n'ayez pas le temps de répondre à chaque demande ou commentaire du public en cours de diffusion, assurez-vous de répondre aux commentaires dès la fin de la diffusion. Vous pouvez également faire défiler la section des commentaires pour vérifier les commentaires auxquels vous pouvez répondre.

Si vous réalisez régulièrement des diffusions en direct à partir d'une page d'entreprise, faites une compilation de vos rediffusions dans une liste de lecture afin que les visiteurs puissent retrouver des vidéos spécifiques ultérieurement. Vous pouvez créer une liste de lecture sous l'onglet Vidéos.

Stimulez l'engagement et les sujets grâce aux hashtags

Il y a 7 ans, Twitter a suivi la tendance lancée par Pinterest et Twitter et a lancé sa fonctionnalité de hashtags, qui apparaissent sous forme de liens cliquables. Les hashtags aident les utilisateurs à découvrir les publications liées à un sujet sur Facebook. Avec la quantité de contenu partagé sur la plateforme, les hashtags sont un excellent moyen pour les marques de créer un buzz autour de conversations spécifiques de manière originale. Bien que les hashtags ne soient pas aussi utilisés sur Facebook que sur d'autres plateformes sociales, vous pouvez néanmoins les ajouter à votre stratégie.

Maximiser la portée des hashtags sur Facebook

Puisque la majorité des marques visent à délivrer des messages courts et concis (des études montrent que les légendes courtes attirent un engagement plus élevé), utiliser les hashtags avec parcimonie est une stratégie solide. Il est recommandé d'utiliser un seul hashtag, ce qui est le mieux pour votre marque. Les hashtags de marque constituent également un moyen efficace de rediriger le trafic des événements populaires dans votre base de fans vers votre page, et pour les clients potentiels de découvrir votre marque.

Identifiez les possibilités de collaboration avec de nouvelles pages en vérifiant les hashtags pertinents et en suivant vos hashtags pour voir ce que les gens ont à dire sur votre marque.

Recyclez votre contenu sur toutes les plateformes de médias sociaux

Il est important de noter qu'un élément de contenu initialement conçu dans un format (disons qu'il s'agit d'une déclaration d'entreprise) peut être utilisé sur différentes plateformes dans différents formats : le partager sur Facebook, le tweeter, en faire une story Instagram, en faire un blog, etc.

Utiliser le contenu de cette manière est un moyen fiable de maximiser le potentiel de votre contenu, surtout si vous êtes à court de ressources ou très occupé.

Clean freak!
BATH & SHOWER CLEANER

Chapitre 5 : Comment maximiser votre engagement

Comment obtenir la stratégie de marketing des médias sociaux la plus efficace ? C'est simple, il faut créer une stratégie de communication sur les médias sociaux qui crée un lien avec le client. Les formes de marketing conventionnelles, telles que la publicité dans les journaux et à la télévision, ne fonctionnent pas de la même manière à cet égard, car la ligne de communication est à sens unique et les possibilités de retour d'information sont minimes ; toutefois, les plateformes de médias sociaux ont changé la donne.

Maintenant que la communication bidirectionnelle est la norme et que votre marque est dans l'œil du public, vous devez adopter une personnalité calme et fiable lorsque vous traitez avec votre public. Veillez à établir un lien personnel avec votre public, et non pas à le considérer comme un robot sans visage derrière un clavier, et écoutez pour comprendre votre public.

Cela s'applique à tout propriétaire d'entreprise, que vous soyez une startup ou un conglomérat. Peu importe que vous dirigiez une entreprise SaaS ou un parc aquatique. Cela dit, un excellent point de départ consiste à établir un ton spécifique qui correspond à la disposition de votre marque.

Maintenir la même disposition dans les messages sur les médias sociaux, la publicité hors ligne et le contenu Web crée une expérience parallèle pour vos utilisateurs. On peut comparer cela aux McDonald's qui ont tous le même goût dans le monde entier. Lorsque votre marque adopte un ton spécifique, votre public repère des modèles reconnaissables, ce qui constitue un excellent argument de vente.

Les marques qui utilisent une voix sociale spécifique et la maintiennent sur toutes les plateformes sociales peuvent se frayer un chemin parmi les distractions et délivrer un message concis qui donnera de meilleurs résultats.

Personnalisez votre marque et racontez des histoires

Les médias sociaux sont un moyen pour les gens de se connecter, vous devez donc baisser votre mur et laisser votre public voir le fonctionnement interne de votre marque. Soyez transparent et original dans vos messages - dans ce contexte, la transparence signifie que vous devez être transparent sur ce que votre marque peut partager avec ses clients. Cependant, il y a une ligne professionnelle/personnelle à ne pas franchir.

Idéalement, vous ne devriez pas parler du divorce que vous êtes en train de vivre ou de la qualité de votre vie sexuelle. C'est vraiment dépasser les bornes. Adaptez plutôt la voix de votre marque, faites preuve d'humour dans vos messages et utilisez un argot ou un langage Internet courant.

En général, l'originalité rend les clients attachés à une marque et, en retour, ils interagiront activement avec vos messages, les partageront avec leurs amis et leur famille et achèteront votre produit ou service lorsque vous en ferez la publicité, plutôt que d'opter pour une marque avec laquelle ils n'ont aucune forme de lien émotionnel.

Il a été démontré qu'une approche véritablement humaine, qui s'appuie sur la narration - le modèle de communication le plus puissant pour les humains - est une tactique solide à employer sur les plateformes sociales. Elle vous aide à vous démarquer des ventes génériques du web et, grâce à une combinaison intelligente de textes et d'images intéressants, vous pouvez attirer l'attention des fans en dehors du mode de navigation automatique typique.

En tant qu'entreprise, c'est le meilleur moment pour interagir avec le public, le sensibiliser au fil du temps (si vous ne vous attachez pas à cultiver l'engagement sur les médias sociaux, vous vous y prenez mal), et enfin le fidéliser et l'inciter à acheter.

Vous trouverez ci-dessous quelques exemples "versus" qui montrent comment un peu de réflexion dans vos messages en ligne peut améliorer votre communication avec vos clients potentiels. Notez que la langue préférée est la deuxième dans ces exemples :

- Se concentrer sur le client : "Nous avons récemment lancé notre collection de baskets de printemps, jetez-y un coup d'œil" vs "Soyez l'enfant le plus cool du quartier avec ces toutes nouvelles baskets XYZ // #SpringSneakers to slay."

- Offrir une valeur directe : "Regardez ces techniques de soumission MMA" contre "Ces techniques de soumission MMA peuvent vous aider à gagner n'importe quel combat en 20 secondes".

- Éveillez la curiosité du client : "Les recherches montrent que l'exercice physique aide à mieux dormir" vs "68% des hommes de plus de 40 ans disent que l'exercice améliore la qualité de leur sommeil. Voici tout ce que vous devez savoir".

- Utilisez un langage simple : "Des études et des recherches montrent que l'achat de notre crème hydratante pour la peau augmente le pourcentage d'huile de votre visage de 30 % - cela ne vous semble-t-il pas incroyable ?" vs "Dernière minute ! Les experts affirment que notre crème hydratante pour la peau augmente l'hydratation de votre visage de 30 %, même pendant les journées chaudes !"

Il existe plusieurs conseils pour les idées de contenu qui sont explorés dans les paragraphes suivants, qui illustrent le mieux les exemples mentionnés ci-dessus. Toutefois, les questions importantes à se poser sont les suivantes : qui est mon public ? Comment mes produits améliorent-ils la qualité de leur vie ? Quelles sont les histoires de vos clients ? Comment pouvez-vous communiquer avec eux dans leur langue préférée ?

Remarque : en ce qui concerne l'utilisation d'images sur les médias sociaux, des recherches ont prouvé que les images d'objets animés - en particulier les photos où la personne sourit et vous regarde - peuvent stimuler la conversation. Même si le service que vous fournissez n'est pas matériel (service juridique ou immobilier, par exemple), vous pouvez toujours intégrer un peu d'humanité dans vos publicités/images. Les images peuvent être celles de vos clients satisfaits, de vous-même ou même d'images de stock.

De même, les émoticônes et les emojis (émoticônes expressifs qui deviennent rapidement un dialecte mondial) sont de bons compléments au texte et peuvent ajouter une couche d'humour et d'expression à vos messages. Une thèse de Frontiersin a révélé que l'inclusion d'émojis dans un message en ligne suscitait 33 % d'engagement en plus, tandis qu'une autre étude de Buddy Media a montré que les mises à jour de statut avec des émoticônes attiraient 67 % de plus de likes, 23 % de plus de partages et 23 % de plus de mentions que le message moyen.

Un point important peut également être trouvé dans le fait que les plus grandes plateformes de médias sociaux (Instagram, Facebook et Twitter) ont toutes des fonctionnalités emoji intégrées dans leurs applications. Instagram a révélé en 2015 qu'environ 47 % des légendes et des tags sur la plateforme contiennent au moins un émoticône. Expérimenter les emojis semble définitivement être une tactique intéressante à mettre en œuvre dans vos mises à jour de statut.

Maintenant que vous savez qu'il est possible d'atteindre vos objectifs sur les plateformes de médias sociaux, il est essentiel d'éviter les clichés et d'investir dans une communication honnête, des histoires et des images qui attirent l'attention du public. Comme nous l'avons mentionné précédemment, les utilisateurs (en particulier les milléniaux et la plupart des utilisateurs de médias sociaux) ne s'intéressent pas au jargon marketing générique et font simplement défiler ces messages. Au lieu d'essayer d'inciter vos fans à acheter votre produit ou service par un discours marketing, mettez en avant les valeurs et les convictions fondamentales de votre marque. Cette stratégie spécifique vous permettra de vous démarquer à long terme.

Ne faites pas la promotion de votre produit en permanence : privilégiez les relations et donnez de la valeur à vos clients.

La plupart des utilisateurs de médias sociaux ne souhaitent pas naviguer sur Twitter, Pinterest ou Facebook pour se retrouver face à des ventes agressives de la part des marques. Les utilisateurs de médias sociaux utilisent principalement ces applications pour se connecter avec leur famille, leurs amis et pour se divertir. S'ils "suivent" ou "aiment" la page d'une marque, c'est généralement parce que quelque chose a attiré leur attention.

Regardez le nombre d'entreprises que vous suivez sur les médias sociaux - pas beaucoup, non ? Seuls les fans les plus dévoués souhaitent voir toutes les publications d'une entreprise. Il est irréaliste de s'attendre à ce que la page de votre entreprise soit suivie en masse sans promotion payante.

Il vous incombe donc d'encourager votre public à considérer votre marque comme une entité qui ajoute de la qualité à leur vie quotidienne. Apparaître sur le fil d'actualité ou la timeline de vos fans se mérite, ce n'est pas un droit. Vous pouvez accélérer ce processus en cultivant des relations honnêtes et solides, en partageant un contenu perspicace, en étant amical et en faisant preuve d'enthousiasme pour les questions de support client, entre autres.

Il n'y a pas de mal à pousser le post promotionnel aléatoire, ce qui devrait plaire à votre public, tant que les autres aspects de votre plan de médias sociaux sont au point.

Enfin, avec une bonne stratégie de médias sociaux en place, changez votre mentalité de "Comment puis-je obtenir un maximum de ventes ?" à "Comment pouvons-nous vous aider ?" car lorsqu'il s'agit de "suivre" une page d'entreprise, la première question de votre public sera "Qu'est-ce que cela va me rapporter ?".

Avec l'augmentation de la concurrence et un trafic organique (promotion non payée) au plus bas, vos mises à jour de statut et vos articles de blog doivent déclencher vos clients à un niveau émotionnel et personnel. Les déclencheurs les plus forts sont l'humour, la colère, l'admiration et parfois le narcissisme (contenu qui donne l'impression que la personne est géniale lorsqu'elle le partage sur sa page privée).

Une fois que vous avez commencé, un moyen intelligent de rester concentré est de vérifier par intermittence vos 15 derniers posts et de répondre à cette question : "Ce contenu apporte-t-il de la valeur à mes clients, et quel est l'objectif principal de ma marque ?"

Si vous avez du mal à répondre à cette question, il est temps de revoir votre stratégie pour attirer un public plus large et plus averti que jamais. Les clients potentiels peuvent voir clair dans le contenu générique ou les messages commerciaux. Tout comme dans le monde réel, la majorité des utilisateurs de médias sociaux peuvent s'identifier à une marque digne de confiance, plutôt qu'à une entreprise dont la seule intention est de faire cracher de l'argent aux clients à la moindre occasion.

Pour réaffirmer le point ci-dessus, vous devez travailler dur pour devenir un élément régulier du flux des médias sociaux de votre public, plutôt que de vous démarquer avec des messages qui ne trouvent pas d'écho auprès du client. Tous vos efforts pour construire une image de marque positive finiront par aboutir à des ventes en temps voulu.

Publiez régulièrement du contenu de qualité qui intéresse votre public cible.

Il a été mentionné plus haut que l'un des défis les plus difficiles pour toute marque est de créer un contenu de premier ordre sur les médias sociaux. Quel que soit le contenu que vous publiez ou la régularité de vos mises à jour, n'arrêtez pas de poster. Se fixer un objectif de deux ou trois posts par jour est suffisant.

Le moins que vous puissiez faire est de poster du contenu au moins 6 fois par semaine pour vous assurer que votre marque apparaîtra constamment sur la timeline ou le feed des fans dévoués. Si vous n'êtes actuellement pas en mesure d'investir du temps sur les plateformes de médias sociaux, il est essentiel de poster par intermittence plutôt que de ne pas poster du tout. Vous pouvez choisir un jour toutes les deux semaines pour mettre à jour toutes vos plateformes de médias sociaux avec un nouvel article de blog, des liens vers votre travail sur LinkedIn ou publier une vidéo sur YouTube.

Lorsque vous pourrez investir plus de temps sur les plateformes de médias sociaux, vous disposerez déjà d'une base solide pour vous lancer.

À ce stade, la cohérence - remarquez comment cela est constamment répété ? - est essentielle à vos efforts. L'une des principales raisons pour lesquelles de nombreuses marques échouent dans leur stratégie de médias sociaux est le manque de cohérence. Prenons le cas de Facebook, une plateforme de médias sociaux utilisée par de nombreuses entreprises. Voici pourquoi la cohérence reste un facteur vital dans cet exemple : Lorsqu'un utilisateur fait défiler sa timeline, le nombre moyen de publications générées sur un seul flux est d'environ 1 500.

L'algorithme complexe de Facebook classe ces publications en fonction de la probabilité qu'un utilisateur s'engage avec des éléments de contenu - famille, amis, pages, événements, groupes, etc. De plus, la moitié des utilisateurs inscrits sur Facebook ne consultent pas le site tous les jours. La combinaison de ces facteurs signifie que la possibilité que vos publications obtiennent un engagement est considérablement réduite, surtout si vous ne payez pas pour le contenu promu (ce qui est discuté en détail plus tard).

Il est presque inconcevable que votre public voie l'intégralité de vos publications - le nombre typique de publications qui obtiennent un engagement est de 11 %. Les marques doivent donc faire un effort supplémentaire pour tirer le maximum de portée organique de Facebook. En outre, pour confirmer qu'un grand nombre de personnes interagissent avec le texte que vous téléchargez (sur la plateforme d'origine où il a été posté ou sur une plateforme partagée), le contenu que vous utilisez pour faire connaître votre entreprise doit être intéressant pour les fans.

Le contenu doit être suffisamment inspirant, divertissant, précieux et utile pour que votre public cible le commente, le partage, l'aime ou clique dessus. Presque tout le monde a sa source d'information préférée, comme un site web préféré et des plateformes de médias sociaux spécifiques pour différentes actualités. Ces sources garantissent un contenu perspicace qu'ils peuvent partager avec leurs amis et leur famille, votre objectif doit donc être d'entrer dans cette liste.

Tous vos messages ne doivent pas nécessairement devenir viraux. Il n'y a pas de mal à diffuser du contenu divertissant de manière détendue. Souvent, vous découvrirez que de simples questions telles que "Que voulez-vous réaliser cette semaine ?" peuvent générer un engagement massif et inciter votre public à regarder plus tard vos messages plus sérieux.

En définitive, ne vous souciez pas de garder le sujet de conversation léger ou sérieux. Efforcez-vous de créer un équilibre entre les thèmes.

L'essentiel est que plus vous suscitez l'engagement de votre public dans vos publications sur les médias sociaux (commentaires, mentions, tags, partages, likes), plus il y a de chances qu'il revienne sur votre page, ce qui augmentera la visibilité de votre marque.

Plus vos publications obtiennent d'engagement sur des plateformes comme Instagram, Facebook et Twitter, plus elles apparaîtront sur le fil d'actualité des fans pour un engagement futur. L'algorithme de la plupart des plateformes de médias sociaux filtre généralement le contenu qui apparaît sur le fil d'actualité d'une personne en fonction de son degré d'interaction préalable avec le contenu associé.

Par conséquent, si un fan ne tombe pas sur vos messages en raison de votre manque de cohérence ou s'il ignore votre contenu parce qu'il n'est pas intéressant, vos messages cesseront à terme d'apparaître sur sa timeline. Il sera extrêmement difficile d'apparaître à nouveau sur son fil d'actualité sans promotion payante.

Remarque : en raison de la baisse significative de la portée non rémunérée sur des plates-formes telles que Facebook et d'autres plates-formes de médias sociaux, il semble que la meilleure solution pour attirer l'attention sur vos publications soit de partager du contenu de manière cohérente. D'un autre côté, cette approche peut être contre-intuitive. La publication excessive de contenu peut irriter même vos fans les plus fidèles.

De plus, le fait de publier du contenu par intermittence vous évite de devoir trouver des sujets chaque jour. Vous avez ainsi tout le temps de faire vos recherches et de publier un contenu de qualité, attrayant et conçu pour susciter un engagement maximal.

De plus, si vous utilisez les heures perdues sur du contenu "excédentaire" pour créer du contenu "principal" soutenu par de la publicité, le pourcentage de fans qui voient vos posts augmentera. Toute interaction qu'ils auront avec ces posts augmentera la probabilité qu'ils voient vos futurs posts sur leur flux sans promotion payante.

Quel type de contenu suscite le plus d'engagement ?

Les spécialistes du marketing des médias sociaux débattent régulièrement de la question de savoir si les images, les vidéos, le texte ou les liens sont les meilleurs formats de contenu pour susciter l'intérêt des fans et maximiser la portée organique. Le fait est que personne ne peut le dire avec certitude. Les plateformes de médias sociaux modifient continuellement leurs algorithmes, ce qui signifie que les marques sont obligées de jouer les seconds rôles.

En fin de compte, votre stratégie et le format de votre contenu devraient être guidés par ce que vos analyses vous disent. En 2013, Facebook a suggéré aux entreprises que les publications avec des images généraient jusqu'à 120 % plus d'engagement que le contenu textuel.

Cependant, quel est l'intérêt de ces chiffres d'engagement si vous découvrez que les messages textuels de votre marque font plus de cinq fois mieux que le contenu avec des images ou des vidéos ? Il est important d'éviter la tentation de sauter sur les dernières tendances ou astuces qui vous assurent des niveaux d'engagement incroyables. Vous devriez plutôt utiliser ces conseils comme un modèle, tout en vous assurant de donner la priorité à la création de contenu bénéfique.

Test et analyse. Testez et analysez. Procédez ainsi tout en surveillant continuellement vos mesures. Lorsque vous aurez identifié ce qui fonctionne pour vous, vous pourrez l'intégrer à votre stratégie de médias sociaux.

Ne cherchez pas à devenir viral : donnez la priorité à la fidélité et aux relations avec les clients.

À présent, vous pouvez constater que le niveau de concurrence entre les marques, les leaders du secteur et les algorithmes utilisés par les plateformes de médias sociaux signifie que tous les fans ne tomberont pas sur vos posts sur leur timeline lorsque vous les publiez sur votre page.

Le but n'est pas de courir après le nombre de followers, de likes ou de vues. Ces mesures ne sont pas révélatrices. Au lieu de cela, concentrez-vous sur la publication de messages de qualité qui vous permettront d'acquérir un grand nombre de fans qui apprécient votre produit et qui vous le montreront par des ventes, des commentaires, des partages et d'autres formes d'engagement. La fidélité des clients encourage généralement d'autres personnes à interagir avec votre marque et à acheter vos produits et services.

Toute marque qui parvient à atteindre 5 % d'audience organique auprès de tous ses fans sans payer de publicité fait un travail formidable.

Lorsqu'il s'agit de cultiver et de maintenir une relation saine avec les clients, veillez à essayer d'interagir avec vos fans en temps voulu. Vous pouvez favoriser une relation personnelle en utilisant la mention "@ nom d'utilisateur" pour maintenir un niveau d'engagement élevé. Si un fan dépose un commentaire sur un post ou partage publiquement une opinion sur votre profil, répondez aussi vite que possible.

Toute occasion de poursuivre une chaîne de conversation, de répondre à une question ou d'apprécier un client pour son soutien est manquée sans réponse de votre part. Ce qui est un défaut majeur de nombreuses marques ayant une présence en ligne. Si vous êtes souvent inondé de mentions et que vous ne pouvez pas répondre personnellement à chaque commentaire de fan, envoyez un rapide "j'aime" sur le commentaire. C'est mieux que de les laisser en plan et cela montre que vous prenez note de leurs commentaires.

Fournir une excellente assistance à la clientèle : résoudre rapidement les plaintes

Les médias sociaux sont différents des autres types de médias en termes de service à la clientèle. Les plateformes de médias sociaux vous donnent un accès instantané, 24 heures sur 24, aux clients. Les clients ont le même accès à votre marque, et cette capacité s'exprime pleinement dans ce que l'on peut appeler une révolution du service clientèle.

En plus de donner à votre public le sentiment d'être apprécié, le traitement des problèmes de support client vous donne une idée de la personnalité de votre cible démographique, de ce qu'elle aime dans votre entreprise et des domaines dans lesquels vous pouvez vous améliorer. La nature instantanée d'un tweet ou d'un post Facebook signifie que les clients attendent une réponse rapide à leurs plaintes, comme jamais auparavant.

De nombreux gourous des médias sociaux vous diront de rationaliser votre temps de réponse pour le ramener à moins de 30 minutes. Ce délai est possible si vous faites appel aux services d'un gestionnaire de médias sociaux enthousiaste, mais la plupart des entreprises n'ont pas le luxe de fonctionner de cette manière. Il est recommandé de régler les plaintes des clients en un minimum de temps. Toutefois, répondre aux clients en moins de 24 heures est un geste qui sera apprécié.

En outre, plutôt que de répondre aux plaintes des clients de manière aléatoire, vous pouvez désigner des heures spécifiques pour y répondre.

Remarque : si un temps de réponse rapide sera un grand défi pour vous, vous pouvez compiler toutes les demandes et les mentions sur les médias sociaux en un seul endroit. Par exemple, Hootsuite ou SocialOomph (deux services payants) vous permettent de rassembler les commentaires, les mentions, les tags et les messages privés de Facebook, Instagram et Twitter dans une seule boîte de réception.

Sinon, RecurPost ou Minday.com sont des outils de gestion des médias sociaux gratuits qui effectuent les mêmes tâches. Ces applications gèrent toutes vos mentions sociales dans un seul espace.

N'oubliez pas que la meilleure approche pour éviter les griefs publics des clients est de les empêcher de se produire. Pour ce faire, proposez différentes options de service d'assistance et de contact : courrier électronique, chat en direct, FAQ en ligne, messages privés. Placez-les sur des pages où les clients peuvent les trouver facilement, comme la biographie de votre profil ou la page À propos.

Plus il est facile de se connecter à vous, plus il est probable qu'un client tentera de vous contacter pour tout problème, plutôt que d'insulter votre marque en ligne. Montrez également votre volonté d'accepter que des problèmes surviennent lorsque vous publiez des informations peu réjouissantes sur vos services sur les plateformes sociales.

Comme toujours, certains membres du public réagiront négativement à des nouvelles moins que positives, mais ils seront encore plus offensés s'ils identifient eux-mêmes le problème. Si un fan ou un client publie des commentaires furieux sur votre page publique, il y a trois points essentiels que vous pouvez utiliser pour gérer la situation.

Ce sont :

N'évitez pas le commentaire : Plus vous ignorez la plainte d'un client, plus il sera en colère. Refuser de répondre à un commentaire négatif montre à votre public que vous n'avez pas l'intention de répondre aux problèmes des clients et que vous pensez que le fait d'ignorer le problème le fera disparaître. Répondez plutôt à ces commentaires aussi vite que possible, car les clients apprécient une réponse rapide.

Ne supprimez jamais les commentaires négatifs : La seule chose que les clients détestent plus que le fait de ne pas tenir compte des commentaires négatifs est qu'une entreprise supprime une plainte de vos clients. Lorsqu'un client mécontent voit que son commentaire ou son message négatif a été effacé de votre page, il est encore plus en colère. Les autres clients (qui ont peut-être vu une capture d'écran du commentaire supprimé) considéreront que vous avez une attitude générale à l'égard des commentaires négatifs.

Montrez de l'empathie dans votre réponse : Les conversations en face à face permettent de montrer facilement de l'empathie et de faire savoir à un client que vous l'écoutez activement grâce à votre langage corporel. Il est plus difficile de faire preuve d'empathie sur les médias sociaux, car vous n'avez que vos mots à utiliser.

Heureusement, certaines phrases qui transmettent de l'empathie dans la vie réelle peuvent également être utilisées sur les plateformes sociales. Des phrases telles que "Je comprends votre situation" ou "Cela sonne...." doivent être intégrées dans vos réponses. Vous pouvez rendre vos messages plus personnels en mentionnant les prénoms des clients. Lisez vos messages à voix haute pour vous assurer qu'ils sont corrects, et ajoutez le mot "merci" à vos messages.

Critères fondamentaux du service clientèle sur les médias sociaux

Si vous souhaitez fournir un excellent support client, il est essentiel de comprendre ce qui fonctionne pour vous et ce que vous pouvez améliorer. Vous trouverez ci-dessous trois paramètres qui peuvent être utilisés pour mesurer l'exécution de votre support client sur vos profils sociaux.

Contact client par plateforme

Calculez le nombre de demandes, de plaintes et de rapports de clients auxquels vous répondez sur différentes plateformes au cours d'une période donnée. Ces chiffres spécifiques vous donneront une idée de la robustesse de la demande et du nombre de collaborateurs dont vous avez besoin pour répondre aux attentes des clients. Un avantage supplémentaire est que vous pouvez voir quelles plateformes les clients utilisent le plus pour signaler leurs plaintes et les jours et heures spécifiques où vous recevez un volume élevé de demandes.

Temps de réponse et période de résolution

Quel est votre temps de réponse moyen aux plaintes des clients sur vos profils de médias sociaux ? Sur une période donnée, notez l'heure à laquelle une requête a été reçue et l'heure à laquelle vous avez répondu au client. Vous pouvez également déterminer les performances de votre support client à l'aide du temps moyen nécessaire à la résolution des problèmes. En combien de temps résolvez-vous une plainte, depuis la réception du message d'un client jusqu'au moment où vous lui fournissez une solution concluante ?

Taux de résolution

Quel est le nombre de demandes d'assistance que votre marque reçoit sur une période donnée, et quel est le pourcentage de ces demandes qui sont résolues ? Le calcul de ce chiffre est une bonne mesure pour déterminer l'efficacité de votre service clientèle. La rapidité des réponses n'est pas toujours la mesure la plus importante. Les demandes sont-elles réellement résolues ?

En définitive, vous devez répondre à vos utilisateurs sur les médias sociaux avec courtoisie et un sens du professionnalisme, dans un délai respectable qui convient à votre marque. Soyez ouvert à l'acceptation des avis des clients (même si vous pensez qu'ils sont erronés et n'oubliez pas que la recherche de réfutations est une mauvaise tactique) et soyez ouvert à l'acceptation de vos erreurs.

Les humains sont enclins à faire des erreurs, et les clients comprendront et respecteront votre marque si elle est franche au sujet de ses erreurs plutôt que d'ignorer ou de supprimer leurs plaintes. Pour améliorer les relations, donnez une explication détaillée sur la façon de résoudre un problème, permettez à vos fans de donner leurs idées sur la façon de résoudre une plainte, et n'oubliez pas de faire un suivi quelques jours après avoir réglé le problème pour vous assurer que le client est satisfait de la résolution. C'est un excellent moyen d'établir une relation sociale avec votre client.

Parfois, il faut faire un effort supplémentaire pour résoudre le problème d'un client - en public - afin de gagner un peu de bonne volonté et de respect. Deux étudiants de l'université de St. Andrews ont été désemparés en apprenant que leur pop-corn préféré n'était plus disponible sur leur marché local. Les étudiants, Isabelle et Tomi, ont décidé d'envoyer un poème de plainte aux chefs de Tesco. L'entreprise a répondu par un sonnet et une carte cadeau de 10 dollars. L'échange est devenu viral et des centaines de publications ont applaudi le geste de l'entreprise.

L'automatisation peut faire partie de votre solution

Compte tenu de la quantité de travail nécessaire pour cultiver et maintenir un plan de marketing des médias sociaux solide sur plusieurs plateformes, l'automatisation vous permet de gagner des heures, de rester adaptable et de dessiner votre stratégie de médias sociaux. Les outils d'automatisation tels que SocialPilot (https://www.socialpilot.co/) ou Hootsuite (https://hootsuite.com/) vous aident à organiser différents profils de médias sociaux à partir du tableau de bord principal, où vous pouvez télécharger des messages, publier du contenu programmé depuis n'importe quel endroit et à n'importe quel moment, etc.

En outre, les outils d'automatisation vous permettent de créer une stratégie durable en diffusant des articles de blog frais pour une exposition continue, c'est-à-dire en utilisant du contenu réutilisé sur différentes plateformes de médias sociaux pendant une période spécifique.

Cette stratégie donnera à vos followers actuels l'occasion de s'engager avec votre contenu génial et permettra aux clients potentiels de tomber sur votre contenu s'ils l'ont manqué initialement. Surveillez de près la fréquence de vos publications. Il est acceptable de tweeter le même lien plusieurs fois par jour sur une plateforme comme Twitter (où les flux évoluent à un rythme très rapide), mais pour les plateformes de médias sociaux comme LinkedIn et Facebook, où la vitesse de publication est plus lente, il serait plus judicieux de laisser quelques heures entre les publications.

De même, lorsque vous publiez le même lien plusieurs fois, il est judicieux de reformuler le texte qui le précède à chaque fois pour rendre chaque message unique et attrayant.

Malgré toute l'aide que peuvent vous apporter les outils d'automatisation, n'oubliez pas que l'entretien de relations solides grâce à des interactions sincères doit être au centre de votre stratégie. Vous ne devez absolument pas automatiser les réponses sur votre page. Les réponses automatisées aux mentions sur vos pages de médias sociaux sont une très mauvaise idée.

En ce qui concerne l'automatisation et la programmation, voici une stratégie qui sort des sentiers battus et que vous n'avez peut-être jamais utilisée auparavant : Programmez la mise en ligne de vos posts quelques minutes avant ou après l'heure, afin de toucher les fans qui se connectent pendant la pause déjeuner, les réunions de travail ou à la fin de la journée de travail.

Consacrer du temps pour obtenir de bons résultats

En 2020, les médias sociaux sont devenus un outil marketing robuste qui doit être pris très au sérieux. Si vous choisissez l'un de vos employés actuels pour commencer à gérer les profils de médias sociaux de la marque, ne vous attendez pas à ce que cet employé améliore votre croissance en ligne. Si vous souhaitez vous plonger pleinement dans le marketing des médias sociaux, vous devrez investir au moins 10 à 15 heures chaque semaine pour créer, planifier, programmer les posts, calculer les résultats et interagir avec les clients.

Il est recommandé d'employer un responsable des médias sociaux à plein temps. Vous pouvez également faire appel à une agence locale de marketing social pour lancer le processus de marketing social. Toutefois, assurez-vous que l'équipe que vous engagez est une entreprise qui comprend vos buts, les objectifs de votre marque et qui parle le langage de votre public.

Créez une politique en matière de médias sociaux : utilisez les employés comme ambassadeurs de la marque.

Une politique explicite en matière de médias sociaux, qui s'applique à chaque employé, mettra en évidence les objectifs de l'entreprise concernant les mentions sur les médias sociaux, et favorisera une responsabilisation positive de l'entreprise afin que votre marque ait une activité sociale plus large.

Pour créer la politique dont vous avez besoin, demandez conseil à des influenceurs renommés dans votre secteur. Encouragez les critiques de votre personnel et dictez des directives spécifiques concernant l'utilisation des médias sociaux pendant ou après les heures de bureau. La politique doit être courte - généralement moins de deux pages - et résumer les points les plus essentiels. Une politique de médias sociaux courte encouragera les employés à la lire, vous protégera de problèmes futurs et montrera comment une utilisation responsable des plateformes sociales peut profiter à l'entreprise en tant qu'entité.

Les employés doivent se sentir à l'aise avec les protocoles de partage social pour être d'excellents ambassadeurs de la marque, ce qui facilite la rédaction des posts liés à l'entreprise. Par exemple, créez un hashtag qui célèbre la culture de travail de votre marque, et encouragez votre personnel à prendre des photos, et à les poster avec le hashtag. L'employé chargé de la gestion des médias sociaux doit tout savoir sur la politique.

Le marketing des médias sociaux nécessite des investissements : Essayez la promotion payante

Il y a quelques années, le marketing des médias sociaux était considéré comme la ruée vers l'or numérique de cette génération et les plateformes de médias sociaux étaient utilisées pour communiquer avec les clients et promouvoir vos produits gratuitement. Cependant, de nos jours, avec une concurrence accrue, des algorithmes qui favorisent les publications payantes par rapport au contenu organique et un public à l'esprit vif, il est vital de payer pour des publicités ciblées afin d'atteindre davantage de clients potentiels.

Cela ne signifie pas que vous ne pouvez pas obtenir de bons résultats sans investir de l'argent, mais c'est plus difficile, et même un petit montant - disons 15 dollars par semaine pour des publications Facebook payées - peut entraîner une amélioration notable de votre stratégie de marketing social.

Le secret de nombreuses campagnes de médias sociaux réussies est un contenu promu qui semble familier au client et qui accentue son expérience sur la plateforme sur laquelle il apparaît, semblable à la voix ou au ton de vos clients. Comme pour les publications non payantes, il faut viser la transparence plutôt que la perturbation.

Expérimenter l'analyse du retour sur investissement

Le ROI (Return Of Investment) des médias sociaux est différent de celui du marketing traditionnel. Pour plusieurs raisons différentes, il est recommandé de ne pas se concentrer entièrement sur les retours monétaires pendant une période donnée. Donnez la priorité à des paramètres tels que le trafic sur le site Web, la promotion hors ligne, la notoriété de la marque, la fidélisation des clients et la communication avec les clients actuels.

Ces mesures seront extrêmement précieuses au fur et à mesure de votre progression, ce qui vous permettra de réaliser des ventes sur une longue période, au lieu d'une gratification instantanée qui se tarit rapidement.

Calculer la performance de la marque avec un logiciel d'analyse

La capacité de calculer la croissance de votre stratégie de médias sociaux est essentielle à la réussite de votre plan marketing. L'un des moyens les plus économiques d'y parvenir est Google Analytics. Cet outil possède deux des caractéristiques les plus importantes que les spécialistes du marketing des plateformes de médias sociaux adorent.

Cliquez sur la page "Socials" du site à vérifier :

- **Références du réseau :** Fournit des données sur la quantité de trafic du site Web qui sont des références à partir de vos pages de médias sociaux.

- **Pages d'atterrissage :** Cette fonctionnalité montre les pages web qui sont les plus partagées sur les plateformes de médias sociaux.

En outre, Google Analytics peut créer et surveiller des objectifs tels que les ventes finalisées, l'engagement et les demandes. Vous pouvez définir des objectifs simples comme la Destination URL. Cet objectif sera marqué comme terminé lorsqu'un visiteur consulte une page spécifique de votre site Web, par exemple une page "Votre commande a été complétée".

D'autres logiciels d'analyse sont efficaces pour mesurer la croissance de vos réseaux de médias sociaux :

- Outils natifs tels que Pinterest Analytics, Facebook Insights et Twitter Analytics ;

- Social Searcher pour suivre les commentaires et les tags avec votre marque et vos concurrents

- WebFX pour calculer les taux de clics pour les liens

En gros, utilisez un logiciel d'analyse des médias sociaux pour créer des objectifs de marque, surveiller où votre stratégie marketing fonctionne le mieux et identifier comment vos clients trouvent votre marque afin d'orienter votre effort de marketing sur les médias sociaux dans la bonne direction.

Il n'est pas réaliste de penser que vous tirerez le meilleur parti de votre plan de médias sociaux dès le premier essai. Calculez donc vos progrès par intermittence et n'hésitez pas à expérimenter de nouveaux concepts, à abandonner d'anciennes tactiques et à répéter celles qui fonctionnent.

En substance, utilisez les outils d'analyse pour fixer des objectifs, voir où votre stratégie de médias sociaux fonctionne le mieux, et les mettre en œuvre si nécessaire.

La patience est extrêmement importante dans le marketing des médias sociaux

Il est illusoire de s'attendre à un succès immédiat sur vos profils de médias sociaux. Tout comme dans le monde réel, la relation entre votre marque et vos clients prendra un peu de temps pour s'épanouir, et certains membres de votre public cible mettront plus de temps à aimer votre marque et à devenir des clients payants.

Dans certains cas, les critères qui ne réussissent pas immédiatement - la fidélité des clients, l'augmentation de la notoriété de la marque et l'excellence du service à la clientèle - ont le plus grand impact sur les conversions à long terme.

Il existe de nombreux exemples d'entreprises qui ont investi en grande pompe dans le marketing sur les plates-formes sociales, pour finalement échouer parce qu'elles n'ont pas attiré 10 000 adeptes de Twitter et augmenté les achats après les deux premières semaines de publication du contenu - pardonnez l'exagération, mais vous avez compris. Si vous ne pouvez pas investir dans le marketing des médias sociaux pendant des mois ou des années, vous risquez fort d'échouer.

Dans le même ordre d'idées, assurez-vous d'ignorer les annonces "Get followers fast". Bien qu'elles soient souvent tentantes, les services qui prétendent vous aider à gagner des centaines de clients et de fans en un minimum de temps fournissent le plus souvent des bots. Ces escroqueries ne se soucient pas de votre entreprise.

100 adeptes interactifs et fidèles valent plus que 5000 faux comptes. Le véritable "secret" de la constitution d'une base de fans sur les plateformes de médias sociaux consiste à maintenir constamment vos efforts de marketing.

Enfin, appréciez le processus : Cultivez des relations honnêtes et solides.

Plus un client s'identifie à votre entreprise sur les plateformes de médias sociaux, plus il sera enclin à penser à vous et à promouvoir votre marque auprès de ses amis, de sa famille et de sa communauté en ligne. Il a été mentionné à plusieurs reprises dans ce chapitre que la clé du succès est d'être cohérent, accessible et original dans vos publications et interactions si vous souhaitez établir une communication significative avec les clients. Cette stratégie particulière va inévitablement créer une fidélité à la marque, des achats et des ambassadeurs hors ligne pour la vie.

Chapitre 6 : Comment créer un contenu de haute qualité

Dans le chapitre précédent, nous avons abordé le point de départ du marketing des médias sociaux. Il est maintenant temps de commencer par les principes fondamentaux de la promotion des médias sociaux. Ce chapitre se concentre sur une série de tactiques de publication de contenu pour dynamiser votre approche des médias en ligne. Ces plans de contenu sont conçus pour s'adapter à toutes les plates-formes de médias sociaux mentionnées dans ce chapitre. Cependant, les chapitres de chaque plateforme sociale traitent des conseils marketing spécifiques qui fonctionnent le mieux sur cette plateforme particulière.

Ces stratégies renommées de marketing des médias sociaux sont présentées ci-dessous.

Lancez des discussions et encouragez les questions.

Permettez à vos fans de communiquer avec vous et vice-versa en créant des forums de discussion et en leur posant des questions. Les questions peuvent porter sur votre produit, un événement lié à l'entreprise, de petits quiz ou un sujet plus général.

Souvent, le type de demande qui suscite le plus d'engagement est celui qui indique le plus simplement :

- Une préférence ("Quel produit est le meilleur : A ou B ?")

- Oui/Non ("Aimez-vous la musique de Drake ?")

- Basé sur l'opinion ("Que pensez-vous de l'iPhone 12 ?") ;

- Ou une qui suscite des devinettes ("Nous lançons notre deuxième magasin ce mois-ci - devinez l'emplacement ?").

Le simple fait d'ajouter de courtes questions à la fin d'une mise à jour de statut, comme "Qu'en pensez-vous ?" ou "Êtes-vous d'accord ?", peut susciter l'engagement du public.

Il existe une autre plateforme pour les commentaires qui nécessitent des réponses sérieuses - notamment dans les forums généraux - mais vous identifierez rapidement ce qui déclenche le plus vos clients.

Des questions simples permettent de capter l'attention du public et de recueillir les commentaires des clients, pour autant que le message soit attrayant pour les lecteurs.

Des études montrent que poser des questions à la fin d'une mise à jour de statut, plutôt qu'au milieu, peut améliorer l'engagement de 15 %. Comme les formats que nous avons mentionnés ci-dessus, les messages "à remplir dans le vide" peuvent également susciter l'engagement.

Ces stratégies sont efficaces car elles nécessitent un minimum de saisie de la part de l'auditoire. Par exemple, "Si vous deviez choisir n'importe quel pays en 2021 pour des vacances, ce serait________."

Vendez l'histoire de votre marque et promouvez les histoires de vos clients.

Chaque entreprise a une histoire à vendre par le biais de mots ou, de préférence, de contenu visuel. L'être humain est conçu pour donner son avis sur une histoire. Utilisez les médias sociaux comme une plateforme où le public peut s'identifier personnellement à votre marque plutôt que d'en faire un simple endroit où il peut consulter les produits et services que vous proposez. Utilisez-les comme une plateforme pour mettre en valeur votre voix, votre originalité et votre personnalité.

Il existe de nombreux sujets intéressants et provocateurs à aborder, comme ce qui vous motive, les raisons pour lesquelles vous avez créé votre entreprise, les défis et les leçons que vous avez tirés, les questions sociales qui vous passionnent et les mentors qui vous influencent. L'objectif est de faire découvrir à vos clients votre mode de pensée et vos valeurs et de devenir une entreprise à laquelle ils s'engagent émotionnellement, ce qui garantit la fidélité à la marque et, par conséquent, les ventes.

En dehors de vos histoires, les adeptes ou le public auront de belles histoires sur l'impact de vos produits et services sur leur vie quotidienne. Ces histoires font souvent un meilleur contenu que tout ce à quoi vous pourriez penser.

Vous devez donc inciter les clients à partager des vidéos, des textes et des photos qui montrent comment votre service s'adapte à leur routine quotidienne. Vous pouvez les intégrer dans votre plan de contenu. C'est ce que l'on appelle le "contenu généré par l'utilisateur".

L'ajout de contenu généré par les utilisateurs à votre stratégie de médias sociaux rendra les clients heureux et les incitera à partager des nouvelles de votre entreprise, à inspirer une communauté plus saine pour le produit et à servir de preuve sur les plateformes sociales de l'impact positif de votre entreprise sur les clients.

Examinez les questions auxquelles vous répondez, partagez vos connaissances et prouvez votre valeur.

Un moyen efficace de convaincre les adeptes des médias sociaux de se connecter à votre marque sur le plan émotionnel et social consiste à promouvoir votre marque en tant qu'entité bien informée. On peut se fier à une entité qui inspire confiance et qui est respectée pour obtenir des informations crédibles et vivre des expériences passionnantes.

Un excellent moyen d'y parvenir est d'identifier les problèmes du marché que votre entreprise peut résoudre et de mettre en avant votre expertise. Toutefois, cela ne signifie pas que vous devez saisir chaque occasion de vous vanter d'avoir résolu le "problème Z". Vous devez plutôt servir de source de connaissances dans votre niche.

Par exemple, supposons que votre marque vende des oreillers moelleux. Dans ce cas, vous pourriez publier du contenu expliquant comment le produit aide le client à dormir, partager des études de cas et des faits sur les douleurs cervicales, comment les oreillers moelleux aident, l'origine de la douleur, etc. En outre, vous pouvez inclure des conseils et des informations expliquant comment préserver la douceur et la longévité d'un oreiller moelleux.

Vous pouvez également accroître la notoriété de votre marque en publiant du contenu fiable dans des messages solo ou sous forme de liens vers un article.

Utilisez des articles d'actualité, des dates populaires et des concepts viraux pour créer votre contenu.

Si vous pouvez utiliser des articles tendance dans vos mises à jour sur les médias sociaux (non seulement pour obtenir des vues et un engagement, mais aussi pour ajouter un point de vue unique sur le sujet), cela peut conférer à vos publications une pertinence et un respect qui plairont aux fans. Montrez aux fans que vous êtes une marque qui se tient au courant de l'actualité dans votre niche (et si vous êtes sur Facebook, l'algorithme du site pousse les articles viraux vers leur fil d'actualité, ce qui suscitera plus d'engagement).

Vous pouvez utiliser des outils tels qu'Awario (https://awario.com/) et Talkwalker Alerts (https://www.talkwalker.com/alerts) pour être informé des histoires les plus récentes au fur et à mesure qu'elles se déroulent, ou des plateformes telles que ContentStudio (https://contentstudio.io/) pour suivre les tweets et les événements viraux dans n'importe quel secteur. Des entreprises comme Doritos utilisent régulièrement cette tactique.

Lors du Superbowl 2020, les fans attendaient avec impatience de voir Billy Ray Cyrus danser lors de son interprétation en direct du tube viral "Old Town Road" avec Lil Nas X. Doritos a réussi à obtenir le plus haut taux d'engagement sur Twitter de toutes les marques lors de la soirée du Superbowl grâce à un simple tweet disant "Un million de RT et @BillRayCyrus danse". Bien qu'ils n'aient pas obtenu un million de retweets, plus de 100 mille personnes ont interagi avec le tweet. De même, pendant le Superbowl 2014, la célèbre chaîne de grands magasins J.C Penney a décidé de tweeter tous les événements du spectacle avec des fautes de frappe intentionnelles (stratégie bizarre).

Doritos a saisi l'occasion de sauter sur le tweet et a dit à la page twitter de JC Penny "Ralentissez @jcpenney, prenez des #Doritos". Ce simple tweet a suscité plus de 5000 engagements.

La majorité du contenu viral sur ces plateformes peut être liée à des célébrations qui ont lieu une fois par an. Les fêtes comme Pâques, Thanksgiving, Noël, Halloween ou les événements annuels comme les Grammys, les Oscars et WWE WrestleMania sont des occasions fantastiques qui peuvent inspirer des idées de contenu telles que :

- Envoyez à vos fans des vœux pour les fêtes de fin d'année

- Partage de quiz

- Poser des questions sur le thème des vacances, comme "Comment s'appellent les elfes du Père Noël ?".

- Fournir des informations sur la façon dont votre service peut être utile pendant une période spécifique de l'année.

Il existe également d'autres événements de niche auxquels vos fans peuvent s'identifier et qui peuvent mettre en évidence la pertinence de votre marque, comme la date de sortie d'un film à succès, la journée "Apprenez à connaître vos clients", la journée "Star Wars" ou le mois des fiertés. Cochez tous les jours pertinents sur votre calendrier de commerce électronique et programmez du contenu pour l'avenir afin de célébrer ces journées avec vos clients.

Lorsque vous mettez en œuvre les stratégies mentionnées ci-dessus, faites-le de manière appropriée et avec tact. Évitez l'appropriation culturelle ou le détournement d'événements de la culture pop sans raison (surtout si vous ne parvenez pas à associer votre marque à la célébration), et surtout, veillez à ne pas passer pour un opportuniste dans votre approche.

Coca-Cola a mal appris cette leçon (avec des vidéos virales de clients ukrainiens et russes en colère versant la boisson dans les toilettes) lorsqu'elle a mis en ligne une affiche de vacances de la Russie qui n'incluait pas la Crimée - une région qui est depuis longtemps source de conflit entre l'Ukraine et la Russie.

Équilibrez le contenu de valeur et les messages de promotion (utilisez la règle du 80/20).

La majorité des entreprises sont soit très professionnelles, soit très peu professionnelles en ce qui concerne leur présence sur les médias sociaux. Cependant, c'est à vous qu'il incombe de trouver ce qui fonctionne pour vous et votre population cible. Si la majeure partie de votre contenu marketing en ligne ne doit pas être trop promotionnel, votre objectif ultime est de vendre votre produit et vos services, et vos clients le comprennent.

Si la relation entre votre marque et vos clients est excellente et que ces derniers trouvent vos messages intéressants, votre public comprendra le message occasionnel qui les encourage à essayer un nouveau produit/service ou une offre de réduction que vous venez de lancer. Parfois, ils apprécieront même d'être informés. Vous pouvez facilement équilibrer votre production sur les médias sociaux de manière à ce qu'elle soit favorable aux clients, grâce à des tactiques telles que la **règle des 80/20.**

Selon la règle des 80/20, les marques doivent s'efforcer de publier du contenu de qualité adapté à leur public, dans le but unique d'obtenir un engagement 80 % du temps. Les 20 % restants de vos publications doivent être réservés au contenu promotionnel. En outre, même pendant votre fenêtre de publication de contenu promotionnel, il est nécessaire d'essayer une variété d'approches qui oscillent entre l'agressivité et la subtilité, en fonction de la réception de votre public.

Remarque : en ce qui concerne les offres et les ventes, une approche solide pour retenir l'attention de vos clients consiste à proposer des promotions spécifiques ouvertes à un petit groupe de vos followers qui ont été très fidèles à votre marque en ligne. Par exemple, vous pouvez offrir une remise de 10 % aux clients qui citent un code promotionnel que vous publiez sur votre mur Facebook ou une livraison gratuite pour les 10 premiers followers qui retweetent un tweet spécifique.

Une autre tactique consiste à donner aux fans un accès exclusif à une gamme de produits et de services, grâce à une série de mises à jour de statut qui créent une prise de conscience, tandis que les clients se sentent excités de faire partie d'un groupe exclusif. Ces messages d'invitation peuvent être envoyés directement sur les plateformes de médias sociaux ou par le biais d'un lien permettant de diriger les clients vers votre site. Là, vous disposez d'une plus grande flexibilité pour vendre votre marque et vos produits, recueillir des informations de contact, des données sur les visiteurs et distribuer des coupons aux clients chanceux.

Chapitre 7 : Comment créer un contenu visuel attrayant

Étant donné que la majorité des contenus téléchargés par les utilisateurs de médias sociaux sont des images, il est judicieux de les intégrer fortement dans votre stratégie de contenu de médias sociaux. En outre, à des fins professionnelles, la création de messages visuels de qualité présente des avantages considérables.

Des études montrent que les images sur les médias sociaux sont plus susceptibles d'être associées à des émotions positives que les messages textuels, et que les marques qui font la promotion de leur entreprise avec des images reçoivent plus d'approbations que par du texte. Si vous vous y prenez bien, les messages promotionnels avec des images devraient s'intégrer parfaitement dans la chronologie de votre public. N'oubliez pas que vous ne voulez pas que votre message perturbe l'équilibre de leur ligne temporelle.

Les outils de conception en ligne (dont beaucoup sont mentionnés dans ce livre) ont la capacité de créer un contenu visuel intéressant en quelques minutes. Ils sont si rapides que vous pouvez probablement créer des dizaines de ces images en une journée. Toutefois, veillez à ne pas céder à l'habitude de créer des images tape-à-l'œil sans raison ou au détriment de votre message principal.

Lorsque vous identifiez les types de messages qui fonctionnent pour vous, reproduisez-les et allez-y à fond. N'oubliez pas qu'un texte de qualité décrivant votre argument de vente unique, incitant les fans à s'engager et créant un espace de communication entre vous et votre public (avec une image d'accompagnement, seul ou en réponse à des mentions) est également essentiel.

Veillez à ce que votre plan de marketing des médias sociaux serve de guide pour déterminer comment et quand les images seront publiées et à ce que ces visuels fassent la promotion de votre marque tout en avalisant la qualité de vos services.

Comment trouver des images à utiliser sur les plateformes de médias sociaux ?

Prendre ses propres photos ou créer des images originales reste le meilleur moyen de créer du contenu visuel pour les plateformes sociales. Cependant, le temps et les finances peuvent rendre cette tâche impossible à réaliser à chaque fois pour de nombreuses marques. Heureusement, de nombreux outils en ligne peuvent être utilisés pour créer des graphiques et modifier des images, pour un prix modique - certains sont même gratuits.

En ce qui concerne les photos et autres matériels graphiques, il est recommandé d'utiliser ces sources :

- Les sources gratuites d'images sont Pixabay, Unsplash et PikWizard.

-

- Shutterstock est une autre source qui propose des photos à bas prix.

- Les outils les plus recommandés pour les graphiques sont Vectr et Pexels.

Il est important de savoir comment choisir de bonnes images de stock. Essayez d'éviter les images clichées et optez plutôt pour des clichés intimes et émotionnels. Qu'une image soit gratuite ou payante, vérifiez les conditions d'utilisation. L'image peut-elle être utilisée à des fins publicitaires ? Avez-vous besoin d'une accréditation ?

Remarque : chaque plateforme de médias sociaux a un paramètre préféré pour les images, mais le protocole standard pour le contenu visuel sur la plupart des plateformes de médias sociaux est "plus c'est gros, mieux c'est". Souvent, les plateformes sociales ajustent automatiquement les images à la taille acceptable : Vos images ne perdront pas leur qualité d'origine lorsqu'elles sont redimensionnées, mais elles risquent de perdre leur qualité si l'image est agrandie.

Pour garder les choses simples, utilisez les mesures mises en évidence ci-dessous pour tout votre contenu visuel :

- 1280 x 720 pour le paysage

- 736 x 1102 pour les portraits

- 900 x 900 pour les carrés

En outre, il est recommandé d'adapter chaque image aux exigences du référencement. Lorsque vous nommez une image, ajoutez des mots clés, mais séparez-les par un trait d'union ou un symbole de soulignement. Incluez des balises alt (décrivant le contenu de l'image) lorsque l'image ne se charge pas pour une raison quelconque ou pour aider les personnes souffrant de déficience visuelle.

Ajoutez un filigrane à vos images

L'un des éléments constitutifs essentiels de votre image de marque est la cohérence. Si vous voulez que vos fans identifient instinctivement vos posts visuels lorsqu'ils les voient sur leur flux de médias sociaux, assurez-vous qu'ils puissent reconnaître la marque. Vous pouvez incorporer votre marque dans votre contenu de multiples façons, comme l'ajout d'un logo (créez un modèle pour la taille et la structure de votre contenu de marque), avec des poignées de médias sociaux, un lien de site Web et la mise en œuvre d'un filtre photo standard, d'une palette de couleurs et de polices de caractères qui correspondent à votre style de marque.

Les filtres, la palette de couleurs et les polices que vous utilisez auront une influence considérable sur l'évaluation de votre marque par votre public cible. Prenez donc votre temps pour créer un modèle de contenu visuel, et assurez-vous que votre contenu montre le type d'émotion que vous voulez que chaque post affiche, par exemple, vos posts peuvent être nostalgiques, amusants, lumineux ou introspectifs.

Si vous voulez être plus efficace avec le branding de votre contenu et promouvoir un sentiment de familiarité, vous pouvez essayer un modèle pour des types spécifiques de matériel visuel tels que les promotions de produits, les réalisations de la marque et le contenu informatif.

Des études de marketing montrent qu'il faut en moyenne jusqu'à sept impressions pour qu'une personne reconnaisse votre travail. Il est donc extrêmement important de se concentrer sur les éléments clés de la marque, tels que les couleurs, le logo et la structure, pour une stratégie de marque efficace. Si le contenu visuel de vos mises à jour sur les médias sociaux a un aspect commun, les utilisateurs identifieront inconsciemment votre contenu à votre marque.

Remarque : il est généralement recommandé d'adopter une approche astucieuse de votre image de marque. L'image est la priorité, pas votre entreprise. Parfois, vous n'avez pas besoin d'ajouter de filtre ou de texte. Cela s'applique spécifiquement au contenu qui commémore des occasions ayant une importance historique et émotionnelle, telles que la fête du Peuple, la fête des Pères, la fête des Vétérans, etc. où l'abandon du branding peut fonctionner pour deux raisons principales : L'abandon du marquage d'une image peut être une preuve de manque de respect, et le public peut être plus enclin à renvoyer des images originales de qualité sans logo parce qu'elles sont personnelles - du contenu "sans marque". Ce type de contenu est plus désintéressé ces jours-ci et concerne davantage le public que votre marque.

Bien qu'il soit très probable que votre contenu visuel soit volé ou attribué à une autre personne, si l'image en question reçoit plus de partages sur la plateforme sur laquelle vous l'avez publiée à l'origine en raison de l'absence de marque, vous pouvez bénéficier d'une certaine exposition car le contenu atteint un public plus large sous la forme d'un lien vers votre page Facebook.

Créez des images puissantes et faciles à comprendre

Les images que vous devez utiliser sur les médias sociaux doivent être flashy, susciter la curiosité, délivrer un message intéressant, susciter des émotions intérieures et divertir le public. Peu importe que l'image présente une expérience exclusive à votre marque ou non ; ce qui compte, c'est qu'elle suscite les émotions que vous voulez que le public associe à votre marque. Une étude intéressante réalisée par Buffer a révélé que les images facilement explicables fonctionnent mieux que les images nécessitant une description explicite. Si votre contenu visuel nécessite une légende avant que le public puisse comprendre ce que contient l'image, il n'est pas aussi efficace qu'il devrait l'être.

Distribuez des offres de réduction et des billets pour des événements exclusifs

Tout le monde aime les choses gratuites, et vous pouvez utiliser des images pour promouvoir les offres spéciales de votre marque dans un format intriguant. Qu'il s'agisse d'un événement ponctuel, d'une promotion d'un an ou d'un mois où chaque week-end est marqué par une nouvelle offre de réduction (une autre façon intelligente d'attirer l'engagement sur vos pages de médias sociaux). Maximisez l'impact d'une image avec un texte court contenant un lien vers l'offre (ou une page contenant des informations supplémentaires). Ajoutez une limite de temps pour assurer un sentiment d'urgence, y compris un CTA (appel à l'action) qui attirera les clics.

Pour les événements à venir où vous offrirez des produits à prix réduit, publiez régulièrement ces moments sur vos profils de médias sociaux et veillez à souligner en quoi votre marque est différente des autres dans le secteur. Dans les sections pertinentes, incluez des mots tels que "limited slot only" et "new" dans vos images afin de présenter votre marque comme révolutionnaire et de susciter l'intérêt de votre public.

Remarque : vous pouvez stimuler davantage l'engagement en concevant une image qui informe vos clients qu'ils recevront un accès exclusif à un code de réduction, à des offres spéciales, etc. Fixez un objectif réalisable en fonction de vos clients actuels et de la portée attendue, car l'objectif est de récompenser réellement les clients qui veulent votre produit et vos services.

Postez des images de clients et de leur expérience avec votre produit/service.

La preuve sociale ultime pour toute marque de qualité est que les clients montrent à d'autres personnes à quel point ils ont aimé utiliser votre produit ou service. Promouvoir l'amour des clients pour votre marque dans une image est un moyen solide de convertir les visiteurs en clients payants. Les nouveaux clients associeront votre marque à des vibrations positives. C'est encore mieux si la photo utilisée a été soumise par un vrai client.

Encouragez votre public à partager son expérience avec votre produit en temps réel, ce qu'il peut faire dans des cabines photo installées sur le site de l'entreprise. Ces cabines peuvent avoir un arrière-plan intéressant pour renforcer l'esthétique. Ils peuvent également prendre des photos dans le confort de leur maison, avec des encouragements de votre part tels que "Taguez-nous dans vos photos pour nous montrer comment votre nouvel oreiller moelleux fonctionne pour vous".

Rappelez constamment à vos followers de marquer votre marque sur les photos et les mises à jour de leur statut mentionnant votre entreprise. Ainsi, vous serez informé de leurs publications et vous pourrez partager l'image sur votre profil en la créditant. Le client se sentira ainsi privilégié, et vous pouvez être sûr qu'il montrera votre tweet ou votre post à ses amis et à sa famille. Un hashtag est un bon moyen d'unifier ces messages afin que vous puissiez les suivre sur différentes plateformes de médias sociaux pour obtenir davantage d'images générées par les utilisateurs, et peut-être même inclure un lien vers le service que vous fournissez, si votre public ne trouve pas cela ennuyeux.

Pour persuader davantage vos clients, essayez d'expérimenter une courte vidéo du client qui peut apparaître en superposition de texte sur l'image de l'utilisateur satisfait, afin de promouvoir des sentiments positifs à l'égard de votre entreprise et de convertir les clients potentiels en acheteurs.

Remarque : une autre stratégie rapide pour accompagner une campagne de médias sociaux consiste à mettre des photos de vos clients sur la page du produit comme preuve sociale pour les visiteurs. Vous pouvez également ajouter des instructions sur la façon de marquer vos différents profils de médias sociaux, ou installer un plugin de site Web qui chargera automatiquement les images sur le site.

Utilisez des infographies pour promouvoir les caractéristiques des produits

Les clients qui consultent et achètent des articles en ligne n'ont pas le luxe de vérifier le produit ou le service en détail comme ils le feraient hors ligne. On ne saurait donc trop insister sur l'importance d'utiliser des images de qualité comprenant les détails pertinents (ou des liens de référence vers le vendeur d'origine) pour votre stratégie de médias sociaux. Utilisez des annotations pour mettre en évidence des caractéristiques qui ne sont pas forcément évidentes, comme la clause de garantie, les options de livraison gratuite et un type de technologie spécial pour votre service.

Si la taille est un élément important du marketing d'un produit particulier, essayez de comparer sa taille à celle de vos concurrents ou à celle d'un article ménager ordinaire, afin que les clients potentiels puissent apprécier la différence de taille et l'aspect pratique du produit.

Les infographies permettent d'afficher des informations et des mesures vitales liées à votre entreprise de manière flashy et partageable. Les infographies sont généralement basées sur la saison en cours. Si vous n'êtes pas un expert en conception graphique, vous pouvez utiliser des sites comme Venngage et Infogram pour concevoir des infographies impressionnantes à l'aide de modèles prédéfinis. Bien que les infographies fonctionnent bien sur Pinterest et Twitter, évitez d'utiliser une infographie complète sur des plateformes qui ne peuvent pas l'accueillir comme Instagram et Facebook, car ces plateformes rétréciront le texte et le rendront impossible à voir.

Choisissez plutôt une partie carrée de l'image (comme la section supérieure où se trouve le titre le plus intéressant), copiez-la et utilisez cette section avec le lien et un CTA (Call To Action) pour convaincre les gens de cliquer dessus pour obtenir une vue complète de l'infographie.

Concentrez-vous sur des citations qui sont inspirantes, motivantes et qui favorisent les aspirations.

Les principaux types de messages qui suscitent le plus d'intérêt sur les plateformes de médias sociaux sont les citations motivantes, inspirantes ou inspirées. Les messages de cette nature suscitent une réaction émotionnelle de la part des internautes, sont très faciles à partager et doivent être adaptés au mode de pensée de votre public. Les images qui suscitent la nostalgie, associées à un simple texte superposé, provoquent des réactions car elles font vibrer la corde sensible de l'enfance du client.

Vous pouvez utiliser des photos historiques du quartier de votre cible démographique ou des photos anciennes qui rappellent l'héritage de votre entreprise. Comme toujours, une photo amusante fait toujours l'affaire car elle remonte l'ambiance et peut être partagée par tous. Vous trouverez ci-dessous quelques directives détaillées que vous pouvez utiliser pour créer un exemple solide pour différents types d'images. Avec un peu de cohérence, votre public associera progressivement ces émotions à votre entreprise :

Images de motivation : Utilisez des éléments qui favorisent la positivité et les bonnes vibrations. Utilisez des polices de caractères audacieuses de type san-serif qui attirent l'attention et mettent en valeur l'autorité (utilisez les majuscules pour mettre l'accent). Maximisez l'impact de votre texte avec des filtres clairs et lumineux. Le meilleur type de texte inspirant se trouve dans les études de cas, les critiques et les récits de l'histoire de votre marque.

Images de motivation : Lorsque vous entendez le terme "images de motivation", il ne fait pas strictement référence aux membres de votre public qui aspirent à un meilleur niveau de vie, à de meilleures finances ou à des possessions matérielles. L'aspiration peut être décrite comme le désir d'atteindre quelque chose, et elle s'applique à un désir d'obtenir plus dans n'importe quel domaine. Il peut s'agir de devenir un meilleur cuisinier, de s'améliorer en codage ou d'améliorer votre score à Fortnite.

Derrière ces aspirations apparemment superficielles se cache une motivation profonde : appartenir à une communauté, améliorer la qualité de sa vie, trouver un emploi, etc. Les aspirations définissent l'identité des gens. Les aspirations définissent l'identité des gens. C'est pourquoi le contenu aspirationnel touche les gens en profondeur. Cela élargit votre clientèle potentielle, des personnes qui recherchent votre service à tous ceux qui peuvent s'identifier aux sentiments que votre contenu inspire. En plus de publier un contenu qui est une représentation imagée de ces sentiments, vous devez construire une histoire de marque qui résonne avec votre produit et votre service. Une histoire qui inspire le public à atteindre ses objectifs personnels.

Images nostalgiques : Choisissez une image tendance, familière et engageante de votre organisation qui date d'un certain temps - disons trois ans. Les polices de caractères minuscules, écrites à la main, sont mélancoliques et déclenchent des souvenirs. Alignez votre filtre avec le thème saisonnier actuel, par exemple, un contraste élevé et un aspect royal pour l'hiver. Associez ces images à un hashtag célèbre comme #TuesdayVibes pour susciter davantage d'engagement et de partages.

Images amusantes : Les images à but divertissant ne doivent pas nécessairement être liées à votre marque, mais doivent être conçues pour plaire à vos followers pour être considérées comme réussies. La police de caractères que vous utilisez doit correspondre au contexte de l'article, par exemple sans empattement pour un humour sec ou avec empattement pour des blagues légères. Les images drôles étant très faciles à partager, vous pouvez vous attendre à ce qu'elles fassent la promotion de votre marque en tant qu'entité sympathique.

Comme indiqué ci-dessus, une autre stratégie que vous pouvez mettre en œuvre consiste à utiliser une statistique ou une citation comme image forte pour encourager vos lecteurs à consulter l'article complet. Vous pouvez créer des superpositions de texte et des graphiques intéressants avec des outils tels que Photoshop, GIMP ou Pixlr Editor, ou grâce à des logiciels en ligne tels que Pixelmator (https://www.pixelmator.com/) ou Krita (https://krita.org/en/) ou des applications telles que Snappa (https://snappa.com/) et Canva (http://www.canva.com).

Être une source de connaissances et d'informations

Fournir des conseils et des informations générales à votre public est un moyen intelligent de prouver votre valeur, d'augmenter l'engagement envers votre contenu et de fidéliser vos clients. Vous pouvez lancer cette approche en publiant des guides étape par étape sur la façon de composer un collage de photos ou d'utiliser une seule photo décomposée en différents cadres (comme le font des sites Web tels que Fotor (www.fotor.com) et Luminar qui proposent tous deux des outils d'album photo, et des logiciels mobiles tels que Moldiv et PicsArt qui permettent de créer un effet similaire sur n'importe quel appareil. Par exemple, Ohh Deer fait la promotion de son spray anti-moustique en changeant constamment de palette de couleurs avec une image centrale divisée en cinq Les images contiennent des allusions subtiles et des légendes qui expliquent de manière adéquate l'idée exécutée.

Montrer le stade de développement

Vous pouvez accroître le degré d'attachement des clients à votre marque en leur montrant votre côté humain. Faites sentir à votre public qu'il fait partie d'une communauté spéciale en lui montrant en avant-première comment se déroule une journée typique dans votre marque. Utilisez des images pour documenter les actions en coulisses, ou utilisez des teasers pour présenter chaque étape du processus au fur et à mesure que vous l'exécutez, pendant que votre public suit le processus.

La célèbre podcaster Madalyn Skylar a un jour affiché un tatouage d'éléphant sur son bras gauche en signe de sensibilisation aux éléphants tués chaque jour en Afrique par des braconniers. Ce contenu donne un aperçu des causes qu'elle défend en dehors de sa marque. D'autres exemples peuvent inclure la présentation d'un pique-nique d'équipe pour les employés ou la publication d'une photo des employés qui font du bénévolat dans des refuges.

Mettez en avant vos initiatives caritatives et expérimentez le marketing ciblé.

Quelle que soit la taille de votre entreprise, la mise en œuvre d'un marketing caritatif est un moyen solide de distinguer votre marque du reste du peloton et de cultiver des relations authentiques avec votre public. Un bon exemple est la campagne caritative "27 bus" de l'Unicef, qui a attiré l'attention sur les 27 millions d'enfants non scolarisés en faisant circuler 27 bus scolaires vides dans Manhattan.

L'initiative a attiré beaucoup d'attention avant l'Assemblée générale des Nations unies, où l'accent a été mis sur le sort des enfants dans les zones déchirées par la guerre. Le marketing ciblé est similaire à cette approche, mais il se concentre sur l'utilisation des plateformes sociales pour s'attaquer aux problèmes politiques et sociaux. Des entreprises comme

Netflix, Reebok et Ben and Jerry's (qui a créé un nouveau parfum de crème glacée et des brochures de sensibilisation) ont pris position sur les médias sociaux contre la brutalité policière.

Il ne s'agit pas seulement de se lancer dans un sujet viral - ce n'est pas ce que signifie prendre position dans ce contexte. Vous devez seulement ajouter votre grain de sel à une cause à laquelle votre marque croit, une cause qui correspond aux valeurs de longue date de votre produit ou service commercial. N'essayez pas de vous lancer dans un sujet ou d'imposer votre marque dans la conversation, car si une telle intention est détectée, elle peut provoquer un énorme retour de bâton contre votre entreprise.

Après avoir mis en avant le côté caritatif de votre marque, il est essentiel de faire savoir que vous défendez réellement ces causes et de veiller à ce que vos actions en fassent de même. Faites preuve de cohérence avec chaque cause dans laquelle vous êtes impliqué.

Avant de vous engager, imaginez l'avenir de votre entreprise et réfléchissez à la manière dont le soutien que vous manifestez aura un effet positif sur votre marque et influencera sa croissance dans une ou deux décennies. N'oubliez pas non plus que vous n'avez pas besoin de choisir un camp pour les sujets politiques et sociétaux. Les grandes marques restent neutres et concentrent leurs efforts sur l'aide aux victimes par le biais de colis de secours. Vous pouvez également adopter cette approche.

Utilisez des mèmes populaires pour faire connaître votre marque au public.

Les mèmes sont extrêmement populaires de nos jours. Ces images humoristiques sont faciles à partager et constituent un pilier universel sur toutes les plateformes de médias sociaux. Si vous ne savez pas ce qu'est un mème (vous en avez probablement croisé un sans le savoir), visitez un site Web comme Giphy pour découvrir des mèmes qui conviennent parfaitement à votre profil de média social. Vous pouvez même créer les vôtres - c'est beaucoup plus facile que vous ne le pensez.

Plusieurs éléments rendent les mèmes si intéressants. Ils sont pleins d'esprit, faciles à comprendre et très divertissants. Des sites Web comme Imgur et Memegenerator sont parfaits pour rassembler les mèmes populaires, et vous pouvez trouver des mèmes tendance sur des plateformes comme Reddit et 9Gag. Vous pouvez intégrer les mèmes dans votre stratégie de marketing, mais veillez à ce qu'ils s'appliquent à votre produit. Il est inutile d'utiliser un mème amusant (aussi tentant soit-il) sans aucune corrélation avec votre marque. Tout mème que vous utilisez doit interpeller vos clients cibles de la manière dont ils vous comprennent le mieux.

Habituellement, les photos humoristiques ont une bonne tendance sur les plateformes de médias sociaux, comme tout contenu qui suscite une réaction émotionnelle positive. Les sections des mots "hilarious", "Pics" et "Oops" de Reddit (r/hilarious), (r/pics) , (r/oops) sont une riche source de contenu. Si vous possédez des photos originales, c'est encore mieux. Même si les mèmes ont une portée mondiale, il est essentiel de ne pas compter uniquement sur les images virales pour votre contenu de marketing social.

Malgré les chiffres d'engagement que les mèmes peuvent apporter, ils ne sont généralement pas considérés comme du "contenu de haute qualité" sur des plateformes comme Facebook, car ils attirent l'engagement de tous les coins de l'application. Une surcharge de mèmes sur votre page peut affecter votre réputation et présenter plus d'inconvénients que d'avantages. Cependant, si vous les utilisez par intermittence, les mèmes peuvent apporter une bouffée d'air frais à votre public.

Utiliser les tendances actuelles de la culture pop

Tout comme la réputation d'un mème s'élève et s'estompe, il en va de même pour les tendances en matière d'image dans la vie réelle. Certaines tendances sont incontournables, comme les selfies et les "photobombs", tandis que d'autres, comme "schleep" et "YOLO", ne sont plus aussi populaires. Pourtant, ces tendances peuvent être un rouage de votre marketing pour stimuler l'engagement, qu'il s'agisse d'images que vous avez prises vous-même ou de photos envoyées par votre public. Un bon exemple est celui de Disney World, qui incite activement les visiteurs à documenter leur parcours dans le parc et sur les manèges et à marquer Disney pour une exposition supplémentaire sur les médias sociaux.

Utiliser Scribd pour les présentations

Scribd compte plus de 80 millions d'utilisateurs et est considéré comme l'une des plus grandes plaques tournantes pour les modèles PowerPoint. On l'appelle souvent le Netflix de PowerPoint. La plateforme propose des modèles pour tous les sujets. Un grand nombre des diaporamas populaires sont destinés à des fins professionnelles, ce qui rend la plateforme vitale pour les organisations B2B.

La structure de la plateforme facilite le processus d'accueil, et vous pouvez exécuter des campagnes pour générer des prospects de qualité (la version payante vous permet même d'insérer des formulaires de contact dans la présentation).

La majorité des présentations Scribd réussies sont rationalisées en fonction du sujet traité. La conversion de parties individuelles de textes écrits (discours, livres électroniques et articles de blog) en contenu visuel de premier ordre, avec des graphiques et des images attrayants, une palette de couleurs et une police invariables, et un minimum de texte sur chaque diapositive. Parfois, vous pouvez même obtenir une demi-phrase par page !

Vous pouvez consulter n'importe lequel des 100 millions de documents de Scribd, et comme SlideShare a récemment rejoint la communauté, vous pouvez consulter des fonctionnalités telles que Popular et Explore pour identifier les styles que vous souhaitez imiter. Vous pouvez créer, enregistrer et télécharger du contenu grâce à des logiciels comme ZohoShow et PowerPoint, des outils en ligne comme Slidebean ou des applications comme Canva.

Après avoir publié votre contenu, la présentation peut être partagée sur presque toutes les plateformes de médias sociaux et embossée dans des pages web.

Utiliser des formats d'image alternatifs

D'autres types d'images, comme les captures d'écran et les nuages de mots, ne peuvent être ignorés. Les nuages de mots sont un moyen innovant de présenter votre contenu sur les médias sociaux, qu'il s'agisse des mots d'un article, des commentaires du public sur une mise à jour de statut ou de la transcription d'une vidéo. Des plateformes comme MonkeyLearn demandent aux utilisateurs de simplement coller du texte qui générera automatiquement un nuage de mots personnalisable. Tous les mots qui apparaissent à plusieurs reprises dans le texte seront mis en évidence dans l'image résultante.

Si vous souhaitez attirer votre public sur les médias sociaux vers une page particulière de votre site Web ou présenter les étapes spécifiques à l'achat d'un produit, les captures d'écran sont un moyen efficace d'y parvenir. N'expliquez pas pourquoi, montrez-leur simplement comment faire. La création de captures d'écran est une tâche simple que vous pouvez effectuer sur votre ordinateur portable avec Paint ou un outil en ligne comme Snipboard.io pour ajouter des annotations de flèches et du texte avant de les télécharger.

Si vous préférez un peu de piment dans vos captures d'écran, un outil comme Desygner permet aux utilisateurs d'insérer des captures d'écran dans des images de stock qui ont été capturées dans des scénarios réels. Si vous ne trouvez pas d'image appropriée, les captures d'écran peuvent s'avérer utiles. Les listes ordonnées, les citations en bloc engageantes et les paragraphes courts sont les plus efficaces.

Les infographies n'ont pas besoin d'être un concept complet. Vous pouvez partager un extrait de données intrigantes sous forme graphique avec un simple texte superposé. De bons exemples sont le nombre de jours nécessaires pour tricoter un ensemble d'oreillers moelleux, vos dons aux refuges pour bénévoles au fil des ans, et le nombre de cupcakes que votre équipe consomme en une semaine !

Les GIFS animés valent la peine d'être expérimentés

Bien que les GIF animés soient populaires depuis quelques années, leur utilisation a connu un regain d'intérêt récemment en raison de l'accélération de la vitesse d'Internet et d'outils de création plus robustes. Les GIF animés sont utilisables sur toutes les grandes plateformes sociales et constituent un moyen fiable pour les marques de mettre en valeur le côté amusant de leur contenu.

Vous pouvez utiliser des GIFs lorsque :

- Expliquer un tutoriel délicat

- Rappeler un moment amusant d'un événement passé, d'une campagne de promotion,

- Un aperçu des coulisses de votre entreprise

- Mettre en avant les avantages d'un produit ou d'un service

- Réagir au commentaire d'un client

- Relayer une réaction de surprise

- Faire une annonce et plus encore

Si vous voulez avoir accès à une solide archive de GIFs, consultez GifCities. Si vous souhaitez créer des GIFs personnalisés, un logiciel comme Giphy ou un outil Web comme Pixteller peut faire l'affaire. En outre, les marques qui souhaitent créer des GIFs animés fonctionnant en boucle infinie peuvent essayer LunaPic.

Stratégies de contenu vidéo

Les contenus diffusés en direct ou les vidéos préenregistrées constituent un aspect important du marketing des médias sociaux. Les stratégies mentionnées ci-dessus peuvent être converties au format vidéo pour différentes plateformes sociales. Dans les chapitres suivants, des conseils spécifiques seront explorés sur la façon de maximiser l'influence du contenu vidéo pour chaque plateforme de médias sociaux. Auparavant, l'objectif était d'atteindre le statut viral avec chaque vidéo. Aujourd'hui, devenir viral n'a plus le même poids pour votre entreprise sur le long terme.

Se concentrer sur des vidéos courtes, amusantes, originales et utiles est une meilleure stratégie que de courir après le post viral. La durée d'attention de l'utilisateur moyen des médias sociaux étant réduite, les vidéos courtes vous permettent de relater vos points rapidement, sans avoir à créer un contenu approfondi.

Créez des vidéos attrayantes pour votre marketing sur les médias sociaux

Vos vidéos doivent être conçues pour apporter de la valeur et raconter une histoire, même si le spectateur ne regarde pas l'intégralité du clip. Utilisez des outils adaptés aux appareils mobiles pour créer un contenu organique qui attire votre base de fans. À notre époque, bien que la durée d'attention de l'utilisateur moyen des médias sociaux soit très courte, les gens passent plus de temps sur leur téléphone. Votre tâche consiste à créer de nouvelles voies pour présenter des histoires engageantes et déclenchantes en un minimum de temps. Vous pouvez rendre votre contenu vidéo plus attrayant en rationalisant le format vidéo pour les appareils mobiles, comme la vidéo verticale.

Il est préférable d'adapter votre contenu vidéo aux appareils mobiles, car cela vous fera gagner du temps et de l'argent lors de l'édition pour les mobiles. Des plateformes comme Encoding et Lumen5 vous permettent de créer différents formats d'une même vidéo en une seule fois. Il est recommandé, lorsque vous publiez du contenu solo, d'utiliser des vidéos en mode portrait. Si vous souhaitez diffuser une vidéo avec un invité ou montrer un objet, le paysage est le mode à choisir. Si vous souhaitez garder votre vidéo simple, les vidéos carrées fonctionnent mieux pour tout type de contenu.

Quelle est l'influence de la vidéo verticale sur les médias sociaux ?

Par le passé, l'opinion concernant la vidéo verticale était surtout négative ; la plupart des experts du secteur préféraient les vidéos en mode paysage pour le contenu vidéo. Le raisonnement qui sous-tendait cette idée était que notre vision naturelle est en mode "paysage".

Cependant, l'évolution du contenu vidéo sur les médias sociaux a montré qu'il est temps de reconsidérer cette approche, les vidéos verticales sur les téléphones mobiles présentent le storytelling dans un format qui se connecte profondément avec n'importe quel public et sert maintenant de mode par défaut pour la majorité des spécialistes du marketing sur les médias sociaux. Par exemple, le mode par défaut des Stories Instagram est vertical.

La caractéristique unique qui fait que les vidéos verticales sont largement acceptées est le sentiment d'originalité qu'elles procurent, même pour le contenu de marque. La facilité d'accès et d'affichage est inégalée puisque les spectateurs n'ont pas besoin de faire pivoter leur écran - elle s'aligne sur l'angle selon lequel 99,9 % des humains tiennent leur smartphone.

Comme le contenu vertical est exclusif aux téléphones mobiles et que la plupart des vidéos verticales sont tournées sur des smartphones, les attentes de votre public sont sensiblement différentes du contenu qu'il regarde sur son ordinateur portable ou sur des plateformes qui adoptent les vidéos de longue durée, comme YouTube. Votre contenu n'a pas besoin d'être poli lorsqu'il s'agit d'une vidéo verticale - le contenu le plus poli semble générique pour le public.

Ces cinq conseils peuvent vous aider à augmenter les impressions de votre vidéo verticale :

Le contenu : Comprenez votre public et le type de contenu qu'il aime. La vidéo verticale est idéale pour filmer des objets animés verticaux comme les humains.

Relation : Déterminez où votre public est susceptible de découvrir votre contenu. Sera-t-il dans le confort de son domicile (où les vidéos en format paysage sont préférées) ou dans le bus (parfait pour le visionnage de vidéos en format vertical) ?

Durée : Comme le dernier point mentionné, les vidéos verticales sont connues pour être un contenu "anywhere-you-are". Votre public n'aura probablement pas le luxe de regarder des vidéos de longue durée. Soyez concis, direct et livrez la chute dès le début. Un contenu ayant un impact immédiat dès les premières secondes fait la meilleure impression.

Contrôlez la narration : Avec la vidéo verticale, vous avez tout le pouvoir de dicter l'attention du spectateur. Les vidéos horizontales déplacent généralement le regard du spectateur de gauche à droite, tandis que les vidéos verticales n'ont pas de changement d'angle fixe - c'est vous qui décidez.

Adaptez le contenu à l'affichage sur ordinateur : Même si vous vous adressez aux utilisateurs de téléphones portables, n'oubliez pas les utilisateurs d'ordinateurs de bureau. Repensez vos vidéos verticales en un format carré, qui peut être utilisé sur la majorité des plateformes sociales.

Ajoutez des outils de diffusion en direct à votre arsenal

Des outils comme Instagram Live ont facilité la réalisation de sessions de diffusion en direct avec votre public et vous permettent de vous frayer un chemin dans leur conscience. Les marques et les entreprises ont le luxe d'ajouter des diffusions en direct pour compléter les stratégies de marketing social soulignées ci-dessus par le biais de l'histoire de la marque, de la promotion payante, des démonstrations de produits, etc.

Ces stratégies peuvent être combinées pour atteindre un public plus large et se connecter avec les fans à un niveau plus profond. Plus tard dans le livre, différents éléments des outils de diffusion en direct seront abordés. Toutefois, si vous trouvez déjà cela intéressant, les principes fondamentaux sont mentionnés ci-dessous pour vous aider à vous connecter avec vos fans et à susciter leur intérêt.

Bien que les vidéos en direct soient non éditées et brutes, cela ne signifie pas qu'elles doivent être chaotiques. Elles nécessitent tout de même un ton de marque régulier, une production de qualité et une structure, notamment :

Une connexion de qualité : Rien n'agace plus les téléspectateurs qu'une mauvaise connexion qui se rompt ou se déconnecte constamment. Il est essentiel de se connecter à un réseau 4G ou Wi-Fi solide. Si vous prévoyez des problèmes de réseau, informez votre public au début de la diffusion afin qu'il puisse gérer ses attentes.

La mise en place et l'arrière-plan sont excellents : Si votre diffusion se fait depuis votre bureau ou votre maison, réalisez une vidéo test pour vérifier la disposition des lieux du point de vue du public. Assurez-vous que le public voit un environnement bien éclairé avec un fond professionnel (évitez les cuisines, les garages, etc.). Après tout, vous voulez avoir l'air professionnel. Certes, vous n'aurez pas toujours un cadre parfait, mais essayez de filmer dans de bons endroits.

Caméra immobile : Ce n'est pas toujours possible, car il se peut que vous ne puissiez pas maintenir votre caméra immobile, surtout si vous faites visiter à votre public un lieu unique. Cependant, pour les émissions en direct où vous vous filmez vous-même, un selfie stick ou un pied de trépied devrait faire l'affaire.

Une sortie sonore de qualité : Un mauvais retour audio ou un bruit de fond peut agacer le public pendant les diffusions en direct. Si vous ne pouvez pas diffuser dans un endroit calme, et que vous ne pouvez pas vous fier au micro de votre smartphone, envisagez d'acheter un micro à pince pour éliminer la mauvaise qualité. Certains microphones sont même dotés d'une housse pelucheuse qui bloque le bruit du vent.

Lorsque vous utilisez le streaming en direct comme l'une de vos stratégies de contenu, il est essentiel de prendre en compte le fait que les membres du public qui regardent le début de votre diffusion regarderont probablement une rediffusion (il est presque impossible pour tous vos fans de se brancher sur la diffusion dès que vous êtes en direct). Pensez à ces téléspectateurs et veillez à ce qu'il y ait une action visible à l'écran pour attirer leur attention. Les 45 premières secondes de votre flux sont cruciales pour le succès de la diffusion.

Commencez votre diffusion par une introduction qui s'applique au public en direct et aux fans qui regardent une rediffusion, et mettez en évidence ce que le public peut attendre de la session de diffusion. Maintenez l'attention du public en posant des questions simples telles que "De quel pays venez-vous ?". Cette approche fonctionne à merveille sur une plateforme comme Facebook, où l'algorithme promeut votre diffusion à un public plus large en fonction du nombre de commentaires sur votre diffusion.

Continuez à fournir des informations et des contenus exploitables au public, mais n'oubliez pas de leur demander leur avis sur les informations que vous fournissez. Si la réponse est positive, encouragez vos fans à taper leurs questions et invitez d'autres personnes à rejoindre le flux.

À la fin de votre diffusion, mettez en évidence les points les plus convaincants et lancez un teaser sur le sujet de la prochaine session de streaming en direct. Donnez-leur une date et une heure à attendre pour un accès anticipé aux streams suivants.

Chapitre 8 : Comment créer une stratégie pour un contenu attrayant sur les médias sociaux ?

Créez des concours et des défis sur les médias sociaux

Les concours et les défis - quelle que soit leur forme - sont une stratégie garantie pour de nombreuses entreprises afin de stimuler leur audience sur les médias sociaux, d'accroître la notoriété de la marque auprès des clients potentiels, d'attirer l'attention sur un nouveau service, de fidéliser la clientèle et de créer une communauté autour de leur marque. L'objectif de tout concours est d'attirer des clients potentiels qui resteront fidèles à votre entreprise après la fin de la période de promotion et de les transformer en clients fidèles et payants.

Pour y parvenir, offrez un cadeau qui intéresse votre cible démographique (un lot de petits gâteaux si vous tenez une boulangerie, une séance de manucure/pédicure si vous tenez un salon de manucure, des bons d'achat exclusifs, etc.) Les prix génériques comme les iPhones ou les cartes-cadeaux ne feront qu'attirer des fans inconstants qui ne sont pas vraiment concernés par votre produit et qui ne deviendront probablement pas des clients payants à long terme.

Pour éliminer les fans à faible valeur ajoutée, prolongez la durée du concours afin de décourager les participants qui cherchent à gagner rapidement. Deux semaines ou un mois devraient être la période standard. Concevez le processus d'inscription de telle sorte que seuls les vrais clients s'y risquent.

Vous pouvez faire de votre concours un succès en fournissant également des liens que les clients peuvent partager sur d'autres plateformes, en parrainant un concours conjoint avec une entreprise similaire pour des audiences croisées, et en expérimentant des publicités payantes pour stimuler l'engagement dès les premières étapes.

Collaborer avec les influenceurs des médias sociaux

Le marketing d'influence est une tendance courante des médias sociaux au cours de la dernière décennie. Le marketing d'influence est une stratégie qui consiste à collaborer avec des personnalités des médias sociaux qui ont un grand nombre d'adeptes et qui souhaitent vous aider à promouvoir vos produits et services.

Il est essentiel que l'influenceur aime sincèrement le service que vous fournissez (ou qu'il soit enclin à l'essayer) et qu'il souhaite promouvoir le produit ou le service auprès de ses adeptes - généralement une base de fans qui correspond à votre cible démographique. Lorsqu'un influenceur fait la promotion de votre produit, cela constitue un signe d'approbation pour ses fans et donne à votre marque une exposition et une notoriété accrues, et de telles relations se développent progressivement.

Il est courant que les marques approchent des influenceurs populaires avec des milliers ou des millions de followers pour promouvoir leur produit, et une rémunération substantielle est souvent impliquée. Les micro-influenceurs, en revanche, ne sont pas chers à engager et ne vous coûteront pas cher. Vous pouvez attirer leur attention en leur envoyant des tweets, en commentant leurs publications ou en leur envoyant un message électronique. Lorsqu'ils recevront plusieurs notifications de votre marque, ils seront peut-être disposés à discuter affaires.

Vous pouvez également payer les services des influenceurs en leur offrant gratuitement les produits que vous vendez. Si votre produit correspond à leurs besoins, ils seront peut-être disposés à rédiger une critique publique ou à partager une vidéo ou une photo d'eux utilisant le produit ou le service en échange de matériel gratuit.

Remarque : pour que votre campagne d'influence soit couronnée de succès, soyez sélectif quant aux personnes avec lesquelles vous souhaitez collaborer. N'envoyez des offres qu'aux influenceurs qui ont un historique crédible d'influence de leur base de fans pour qu'elle fréquente une marque. Si votre entreprise est nouvelle, il est recommandé de vous associer à des influenceurs de bas niveau qui seront peut-être plus enclins à travailler avec vous, par exemple "une page avec une base de fans locale dans la même région que vous contre une personnalité internationale des médias sociaux avec des millions de followers".

Améliorez votre visibilité et votre portée grâce aux hashtags.

Les plateformes de médias sociaux utilisent les hashtags pour regrouper des contenus similaires, et les mettre en œuvre dans votre marketing peut ajouter du contexte à votre contenu. L'ajout de "#" au début d'un mot en fait immédiatement un lien. Ce lien est un moyen facile pour les clients et les fans potentiels de voir tout votre contenu. Lorsque vous cliquez sur un hashtag, vous êtes redirigé vers tous les messages contenant le même hashtag. Si de nombreuses entreprises y ont recours parce qu'il s'agit d'une stratégie "branchée", les utiliser sans aucun objectif peut réduire l'effet de votre contenu, voire décourager les gens de s'engager avec votre marque.

En tant que marque, votre stratégie de hashtag doit s'inscrire dans trois catégories : campagne, communauté ou marque. Les deux dernières catégories sont adaptées aux campagnes à long terme, tandis que les hashtags de campagne fonctionnent mieux pour un effet immédiat.

Les hashtags de marque

Ces hashtags sont exclusifs à votre marque ; il peut s'agir du nom de votre marque (#JoeBuddenPodcast), d'un slogan commun (#NationalFriedChickenDay par KFC) ou d'un nom de produit (#Vans ou #Jordans). Faire en sorte que le public s'engage avec votre hashtag est essentiel pour promouvoir votre présence en ligne, en particulier sur une plateforme comme Instagram.

Lorsque vos followers utilisent votre hashtag, cela montre qu'ils veulent être associés à votre produit et service ou partager leur expérience avec leur réseau. C'est encore mieux lorsque le public publie du contenu visuel à côté de votre hashtag. Vous pouvez utiliser les messages publiés sous un hashtag particulier pour récupérer le contenu généré par les utilisateurs lorsque vous en avez besoin.

Les hashtags communautaires

Ces types de hashtags permettent aux entreprises de se connecter avec les membres du public qui ont la même opinion sur un sujet spécifique, cependant, contrairement aux hashtags de marque, ils n'ont pas besoin de se rapporter directement à votre marque. Les hashtags communautaires se concentrent généralement sur des thèmes sociaux.

Par exemple, Jeep s'est engagé à donner 1 dollar aux familles militaires pour chaque hashtag #jeepsummer avec une photo du véhicule. Vous pouvez mettre en œuvre cette stratégie pour présenter votre opinion ou votre sentiment sur un sujet en rapport avec votre activité, par exemple : "#WinTheDay ou #ThriftNY".

Hashtags de la campagne

Ces hashtags ne durent pas plus de quelques semaines car ils sont étroitement associés à des campagnes individuelles, comme un concours ou le lancement d'un produit. Les entreprises font donc la promotion de ces types de hashtags pour générer de l'activité pendant la durée du concours ou du lancement du produit. Une fois le concours terminé, les marques abandonnent généralement le hashtag. Par exemple, Coca-Cola a lancé le hashtag #ShareACoke qui permettait aux gens de commander des bouteilles personnalisées de la boisson avec leur nom sur la bouteille. La société a même créé un site web à cet effet, et la campagne a pris une telle ampleur qu'elle est toujours en cours aujourd'hui.

Principales stratégies de promotion des hashtags

Les stratégies de hashtag pour chacune des principales plateformes de médias sociaux seront abordées dans les chapitres suivants, mais les conseils ci-dessous vous aideront à mener une campagne de hashtag décente.

Connaissez vos objectifs en matière de hashtags : Cela vous aidera à concentrer vos efforts sur la bonne direction créative pour intégrer les hashtags dans votre marketing sur les médias sociaux. Vos objectifs peuvent être de faire connaître un produit, d'améliorer les participations aux concours ou d'attirer du contenu généré par les utilisateurs.

Faites vos devoirs : Faites vos recherches, identifiez les hashtags qui sont populaires auprès de votre public lorsqu'il parle de votre entreprise, et adoptez-les. Vous devez vous assurer que le hashtag que vous choisissez n'est pas utilisé par une autre marque. Des sites Web comme RiteTag (https://ritetag.com/) sont excellents pour créer et mesurer les hashtags.

La simplicité est toujours préférable : Vos hashtags doivent être faciles à épeler et à retenir. Assurez-vous qu'ils sont si faciles qu'il est impossible pour un fan de les taper incorrectement.

Plus il est court, mieux c'est : Vous ne voulez pas un hashtag qui ressemble à #CupcakeTuesdaysAreAwesome - il est inutilement long. Essayez plutôt quelque chose comme #CupcakeTuesdays. Évitez de l'écrire comme #cupcaketuesdays. Les majuscules sont importantes !

Expliquez le POURQUOI : Expliquez à votre public comment et pourquoi il doit ajouter le hashtag dans ses publications. Faites preuve de patience. Lorsque vous lancez un hashtag, il y a de fortes chances qu'il n'accroche pas dès les premiers jours, surtout s'il s'agit d'un slogan ou d'une expression unilatérale. Les hashtags qui fonctionnent bien sont inclusifs, faciles à découvrir et à partager. Si un hashtag ne s'intègre pas bien dans un message, le public l'ignorera probablement.

Attachez de la valeur à votre hashtag : Votre hashtag est conçu pour susciter l'intérêt et rendre votre public curieux de la conversation impliquant le hashtag. Votre hashtag doit être bénéfique pour vos clients et votre marque. Vous pouvez apprécier les utilisateurs du hashtag par un commentaire ou un like.

Affinez votre stratégie en fonction des résultats : Mesurez vos résultats, et alignez votre campagne en conséquence pour rester concentré et atteindre les objectifs que vous avez fixés pour votre stratégie de hashtags. Un modèle populaire parmi les utilisateurs de médias sociaux est l'utilisation de hashtags "émotion" tels que "Les manèges à Disney World étaient géniaux ! #fun #BestParkEver".

Indépendamment de la langue utilisée sur un hashtag, vous pouvez obtenir un réel aperçu de la façon dont votre public perçoit votre marque. All Hashtag est un excellent outil pour vérifier les tendances des tweets pour n'importe quel hashtag, générer des hashtags pour plusieurs plateformes de médias sociaux et effectuer des analyses de hashtag.

Utilisez un guide de style pour votre marketing sur les médias sociaux

Le thème commun de ce livre est que la majorité des profils de médias sociaux qui ont réussi restent cohérents avec leur stratégie. La constance dans vos efforts doit atteindre un point où votre contenu est instantanément reconnaissable par vos fans. Pour promouvoir un sentiment de régularité et de familiarité auprès de vos fans, vous aurez très probablement besoin d'un guide de style pour votre marketing des médias sociaux.

Il est essentiel d'en élaborer un. Un guide de style fournit un cadre clair et détermine comment votre entreprise se positionnera en ligne. Idéalement, il devrait influencer et être intégré à vos directives de marque. S'il n'existe pas de structure établie pour les guides de style, certains éléments s'appliquent à toutes les marques :

Personnalité de la marque : Comment votre marque est-elle perçue dans son marketing ? Y a-t-il des différences de tonalité dans les différentes situations ? La personnalité de votre marque est-elle directe, pleine d'esprit ou un mélange des deux ?

Structure grammaticale : Il est évident que l'orthographe doit être correcte dans vos messages. Cependant, quelle est votre structure grammaticale et votre combinaison de phrases ? Utilisez-vous de l'argot ? Utilisez-vous beaucoup d'emoji ? Préférez-vous les phrases courtes ou longues ?

Modèle de contenu : Le formatage est vital pour les marques ayant plusieurs comptes sociaux sur différentes plateformes. Le formatage sera-t-il cohérent sur toutes les plateformes ? Votre modèle dépendra-t-il de la plateforme et du type de contenu ?

Contenu visuel : Choisir le bon look pour votre marque est de la plus haute importance. Vous devez décider comment rendre vos vidéos GIFS et vos images accessibles à partir d'une archive spécifique. Cela devrait inclure des informations sur les modèles, les polices, les palettes de couleurs et les différents formats de contenu pour chaque plateforme.

Utilisation des hashtags : Les hashtags permettent d'attirer l'engagement, mais leur utilisation et leur fréquence d'utilisation diffèrent selon la plateforme sociale et votre type d'entreprise.

Postes tendances : Il est essentiel d'être attentif à la perception du public, en particulier lorsqu'il s'agit de publier du contenu après une nouvelle de dernière minute. Vous ne voulez pas donner l'impression d'être sourd ou indifférent. Restez au courant des rapports qui concernent votre public lorsque vous publiez du contenu. Si nécessaire, reportez le contenu prévu et commencez par quelque chose de réjouissant lorsqu'un (mauvais) événement majeur se produit.

Il vous appartient d'intégrer l'un ou l'autre de ces éléments dans votre guide de style, mais n'oubliez pas qu'il s'agit d'un document qui peut contribuer énormément à la croissance de votre marque.

1

VOTRE CADEAU GRATUIT

Nous aimerions vous offrir un cadeau pour vous remercier d'avoir acheté ce livre. Vous pouvez choisir parmi tous nos autres titres publiés.

Vous pouvez obtenir un accès immédiat à l'un de nos livres en cliquant sur le lien ci-dessous et en vous inscrivant à notre liste de diffusion :

https://campsite.bio/digitalmarketing